Dana Castro

PRATIQUE DU MÉMOIRE DE RECHERCHE EN PSYCHOLOGIE

L'Esprit du Temps

SOMMAIRE

PRÉFACE

Science sans conscience n'est que ruine de l'âme (Rabelais)

Le lapin rencontre malencontreusement le loup qui lui demande : que fais-tu ces temps-ci ? – J'écris une thèse. Ah oui, sur quel sujet s'il te plaît ? Sur la supériorité des lapins sur les loups ; viens à la maison, je te la montrerai. Et notre lapin de croiser alors le lynx qui lui pose la même question et obtient la même réponse. Le lapin était alors censé écrire sur la supériorité de son espèce comparée à celle des lynx. Enfin le renard se verra également proposer de vérifier au domicile du lapin, apprenti chercheur, la qualité de ses travaux universitaires. Goupil y découvre avec stupeur les ossements du loup et du lynx ; le lapin en pleine forme avec derrière lui un énorme lion rugissant. Mais, balbutia le renard épouvanté, je ne te croyais pas aussi fort, comment as-tu fait pour tuer le loup et le lynx ? Notre lapin se contenta de répliquer qu'il en était bien incapable mais que, pour son directeur de mémoire, le lion, c'était un jeu d'enfant.

La morale de cette histoire est sans doute qu'il importe avant tout de bien choisir celui ou celle qui dirigera votre travail de recherche. Encore faut-il le décider à accepter de travailler avec vous. Il vous faudra préalablement vous assurer de l'intérêt de votre sujet, de sa faisabilité et de l'adéquation de la méthodologie que vous avez choisie avec la problématique que vous ambitionnez d'étudier. Si vous pensez maîtriser parfaitement ces étapes de la recherche ne lisez surtout pas ce livre cela serait peine perdue. Dans le cas contraire, vous allez découvrir un vade-mecum indispensable à toute écriture scientifique digne de ce nom.

La recherche concourt à l'accumulation de faits, à l'établissement de relations entre phénomènes, à d'identification des causes et des effets et à la modélisation de ses principes, rappelle Dana Castro. Elle insiste ensuite sur le fait qu'il n'y a pas de bonne ou de mauvaise méthode en soi, mais des méthodes appropriées ou non à leur objet d'étude. Un des grands mérites de cet ouvrage est de ne pas légiférer en matière de recueil des données et de choix méthodologiques, sans sacrifier pour autant à la facilité.

Les différentes étapes de la recherche sont ensuite présentées avec clarté et concision. L'apprenti chercheur y est accompagné pas à pas avec des indications précises concernant le temps et le nombre de pages à consacrer à chaque stade de son travail. Bref, je me suis demandé, comme tous ceux qui ont dû fournir dans leur parcours universitaire un certain nombre de rapports, de mémoires et de thèses, comment nous avons pu nous passer de cet ouvrage qui s'impose par sa limpidité !

La découverte, comme l'Amour dans *le Banquet* de Platon, est fille de Poros et de Pénia, de la pauvreté et de la nécessité. Sera chercheur celui qui accepte ce legs avec toutes ses contraintes dont celle de l'écriture. La "nuit noire de l'encrier", comme le disait si joliment Mallarmé, la crampe bien connue de "l'écrivant", selon le terme de Roland Barthes, nous guettent à chaque instant. Raison de plus pour ne pas sacrifier au Moloch académique qui dévore les pensées en les transformant en langue de bois.

Pour Dana Castro, il faut écrire dans "un style clair qui élimine les redondances, les digressions et les qualificatifs superflus et se méfier des trop longues citations qui masquent la non-maîtrise du sujet". Rappel d'autant plus utile en psychologie où trop souvent l'hermétisme conceptuel et l'enflure stylistique règnent en maître.

La morale ultime de cet ouvrage serait-elle alors de nous rappeler, comme l'écrivait le peintre James Ensor, que "les suffisances matamoresques appellent la crevaison grenouillère"?

Jean-Pierre CHARTIER
Directeur de l'École de Psychologues Praticiens, Paris et Lyon

INTRODUCTION

"Citez trois aspects qui vous stimulent et trois aspects qui vous effrayent dans la réalisation de votre mémoire de recherche".

Telle était la consigne d'une mini enquête effectuée auprès de 100 étudiants inscrits en 4ème année de psychologie dans la région parisienne. Ceux- ci se sont exprimés, par écrit, de manière anonyme et pendant quinze minutes environ, lors d'un cours inaugurant l'année universitaire 1999-2000. Dans le cursus universitaire, la quatrième année est l'année de préparation du mémoire de recherche. Les réactions des étudiants ont été recueillies sur une feuille de papier libre. Quatre vingt dix réponses ont été colligées. Sont présentées ci-après, uniquement les réponses ayant une fréquence d'apparition supérieure à 50%.

Les trois aspects, qui sont perçus par une grande majorité d'étudiants, comme particulièrement effrayants sont :

- *L'ampleur de la tâche* (75 réponses, soit 83%) : "Je ne m'imagine pas comment on peut partir de rien pour aller où ? ; par quel bout prendre le mémoire ?" ;

- *Le choix du sujet et la conceptualisation d'une problématique de recherche* (68 réponses, soit 76 %) : "Le choix d'un sujet qui nous intéresse, qui soit à 100% en adéquation avec mes aspirations et qui corresponde aux exigences pratiques, qui soit faisable ; trouver un sujet, construire une problématique et un projet" ;

- *La gestion du temps* (54 réponses, soit 60%) : "Comment organiser son temps, avec tout ce qu'il y a à faire, entre les cours et le stage ? Gérer le déroulement du mémoire dans le temps imparti".

Les trois aspects perçus, par une grande majorité d'étudiants, comme particulièrement stimulants sont :

- *L'expérience de l'autonomie* (66 réponses, soit 73%) : "Travailler seule, apprendre l'autonomie ; me débrouiller seule avec un travail de longue durée, c'est à dire que je vais le mener seule de A à Z" ;

- *L'expérience relationnelle* (54 réponses, soit 60%) : "Rencontrer les professionnels et les populations ; aller à la rencontre des personnes" ;

- *L'expérience du processus de recherche* (50 réponses, soit 56 %) : "La recherche en elle-même et les apports théoriques et pratiques qui en découlent ; construire un vrai travail de recherche de A à Z".

Les résultats de cette mini enquête indiquent, que ces étudiants, futurs jeunes chercheurs, perçoivent la réalisation du mémoire de recherche comme une expérience personnelle initiatique destinée à ouvrir la voie vers l'autonomie. Et en effet, travailler un mémoire de recherche est une expérience personnelle inoubliable. Ces résultats montrent, également, que ces futurs jeunes chercheurs savent se poser les bonnes questions lorsqu'ils s'interrogent sur l'organisation, les étapes et la pratique du mémoire de recherche, qu'ils considèrent, intuitivement, comme indissociable du processus de recherche.

En formulant ce qui leur paraît effrayant, ces futurs jeunes chercheurs expriment le besoin d'être guidés, orientés et conseillés dans leurs différentes démarches pour réussir cette entreprise complexe et obligatoire du cursus universitaire. En s'appropriant les conventions essentielles, ils seraient, en effet, capables, dans leur grande majorité, de conduire, correctement, un travail de recherche.

Ce livre est donc destiné aux étudiants en psychologie. C'est un ouvrage "boussole" qui vise à fournir des repères utiles dans le parcours sinueux qui reste à franchir.

Cet ouvrage n'a pas de valeur prescriptive. Il tente seulement d'apporter des indications explicites, admises par la communauté scientifique, pour planter le décor du travail à accomplir. L'existence d'un cadre précis peut favoriser l'inventivité, en permettant à l'énergie créatrice de s'investir ailleurs que dans des interrogations usantes sur "la marche à suivre" ou "la conduite à tenir".

Quelques considérations générales

Le mémoire de recherche est indissociable du processus de recherche scientifique.

La recherche scientifique concourt à l'accumulation de faits, à l'établissement de relations entre différents phénomènes, à l'identification des causes et des effets, et à la modélisation des principes. Elle contribue à la compréhension des relations existant entre différents types de théories et/ou entre les théories et les pratiques qui en découlent. La recherche scientifique est un mode de pensée qui incite à examiner de manière critique les différents aspects d'un phénomène, à comprendre et à formuler les principes qui le gouverne et à scruter les théories qui l'expliquent.

La recherche repose sur une dynamique ancrée dans la démarche scientifique qui a pour but de répondre à une question précise, à partir d'un recueil de données. Cette dynamique est appelée : *processus de recherche*.

Le processus de recherche comporte différentes étapes qui débutent par la formulation d'une question puis d'une problématique de recherche pour aboutir à l'analyse des données recueillies, en passant par l'identification et l'analyse critique des travaux similaires, déjà disponibles, et par la gestion des questions éthiques et déontologiques, qui chemin faisant pourraient se poser.

Le mémoire de recherche est un document divisé en différentes parties qui, chacune, démontre la cohérence d'une investigation. Il doit s'appuyer sur le corpus des connaissances existant déjà dans le domaine, de manière argumentée et critique, pour exprimer le point de vue du chercheur.

Le mémoire de recherche se présente sous la forme d'un écrit dont l'appréciation finale sera confirmée par un jury composé de plusieurs personnes, dont le directeur de mémoire, lors d'une soutenance orale et publique (Lani-Bayle, 1999).

Pour établir la cohérence d'une investigation, les différentes parties de l'écrit qui la sous-tendent doivent inclure, de façon exhaustive, tous les éléments du processus de recherche. De cette manière, le processus de recherche est indissociable du mémoire de recherche, car ce dernier n'est que la retranscription du premier.

Le mémoire de recherche commence, symboliquement, à s'écrire dès que le sujet de recherche a été identifié.

Les pages qui suivent introduiront, pas à pas, le lecteur au coeur du processus de recherche et au processus d'écriture du mémoire. L'ensemble des indications offertes sont issues de conventions agrées par la communauté scientifique de la discipline. Cependant, il est possible, que certaines ne correspondent pas tout à fait aux approches pratiquées dans telle ou telle université ou école. Dans ce cas, ces repères sont à considérer comme une base de discussion avec le directeur de mémoire. Nous espérons, que ces jalons pourront contribuer, à l'élaboration du mémoire de recherche.

Définir un sujet de recherche

Penser ne suffit pas : il faut penser à quelque chose.

Jules Renard

- Définir un champ d'investigation
- Définir un objet exact d'étude
- Sélectionner un centre d'intérêt
- Énoncer des questions de recherche
- Formuler des objectifs de recherche
- Évaluer la faisabilité du projet

Bon nombre d'idées reçues véhiculent la pensée selon laquelle le sujet de recherche doit, à tout prix être original, pour "révolutionner" la science. Le stéréotype est de concevoir l'originalité comme la marque d'un nouvel absolu, ou d'une réalisation jamais accomplie auparavant.

L'originalité est une qualité qui se construit avec le processus de recherche. Selon Philips et Pugh (1994), cités par Hart (1998), il existe différentes définitions du mot original. On considère qu'une recherche est originale lorsqu'elle permet de :

- Explorer de nouveaux domaines ;
- Apporter des données nouvelles pour éclairer un problème ancien ;
- Envisager des interprétations différentes pour des idées, des pratiques ou des approches déjà connues ;
- Effectuer des synthèses qui n'ont pas été réalisées auparavant ;
- Reproduire, dans son propre pays, des recherches initiées ailleurs ;
- Approcher des phénomènes connus par des méthodologies nouvelles, provenant, par exemple, d'un autre champ, etc.

Le sujet de recherche n'a, donc, pas forcement la vocation d'être un produit inédit, mais il peut devenir unique pour celui ou celle qui le conçoit. Dans ce sens il comporte une série de caractéristiques indispensables. Il :

- Est intéressant pour le chercheur (pour le stimuler dans la durée) ;
- Est faisable et réalisable concrètement (pour éviter au chercheur des surprises ou impasses inattendus) ;

- Est utile à l'environnement professionnel (pour faciliter l'adhésion de l'entourage) ;

- Est déontologiquement licite et possible.

Trouver un sujet de recherche implique deux opérations distinctes. L'une se réfère au choix proprement dit du sujet ; l'autre à l'étude de sa faisabilité.

I - Le choix d'un sujet de recherche est l'aboutissement d'un processus de clarification qui se construit au cours de cinq étapes successives qui permettent de : définir un domaine général d'intérêt et un objet d'étude, de sélectionner un sous-domaine d'intérêt, d'énoncer, enfin, une ou plusieurs questions de recherche pour parvenir à la formulation des objectifs de la recherche.

1) Définir le champ d'investigation

A cette étape de la réflexion, il ne s'agit pas d'identifier le sujet définitif du mémoire, mais plutôt de déterminer quel est le champ d'application qui intéresse le chercheur (la santé, l'éducation, les organisations, la justice, etc.). Pour ce faire, le chercheur dispose d'une série de ressources :

I. Les ressources personnelles qui se réfèrent à :

- L'expérience professionnelle et/ou académique du chercheur. Le chercheur prend appui sur lui-même et s'interroge sur ses intérêts en évoquant les matières, cours et ouvrages qui ont éveillés sa curiosité et /ou son enthousiasme, les sujets des livres le plus souvent feuilletés dans les librairies spécialisées, etc. ;

- Les observations ou les travaux déjà effectués sur le lieu de travail ou de stage. Le chercheur s'appuie sur une pratique de terrain et s'interroge sur ses intérêts en listant les constatations qui se sont imposées à lui.

II. Les ressources interpersonnelles se réfèrent au partage de ses pensées, de ses idées ou de ses arguments avec l'entourage : collègues, professeurs, amis, etc.

III. Les ressources écrites se réfèrent à la lecture d'ouvrages professionnels, de revues et de publications de spécialité. Pour connaître les revues susceptibles de fournir une aide efficace, il est utile de se reporter aux Répertoire des publications en psychologie – un guide à destination des auteurs, édité par la Société Française de Psychologie, en 1999.

2) La deuxième étape est la ***définition de l'objet d'étude.*** Elle permet de clarifier ce sur quoi va porter la recherche. Habituellement les objets généraux d'études sont limités dans leur nombre. Il s'agit le plus souvent de travailler sur : des personnes ou des populations ; des problèmes ou des phénomènes particuliers ; des modalités d'intervention ou d'action psychologiques (Kumar, 1999).

Etudier des personnes signifie étudier des groupes, des individus, des communautés etc., en sélectionnant un type de population et en analysant sa position, ses attitudes, ses réactions, ses croyances etc., vis-à-vis d'un certain aspect de la vie. Il s'agit donc de décrire la prévalence d'une conduite ou d'une manifestation particulière, comme par exemple : la description des formes de prise de risque dans un groupe d'adolescents porteurs d'affections chroniques ; la description des attitudes face à l'autorité chez les employés d'une multinationale, etc.

Etudier des problèmes et/ou des phénomènes signifie rechercher une association, ou une explication causale entre l'existence d'une ou de plusieurs manifestations. Ainsi pourraient se trouver associés : exclusion et violence, tabagisme et cancer, déresponsabilisation professionnelle et stress au travail etc.

Etudier des modalités d'intervention signifie analyser l'impact de l'application d'un projet ou d'un programme donné sur la population cible, en terme d'efficacité, de résultats obtenus, de satisfaction des usagers, par exemple : campagne de prévention des comportements sexuels non désirables chez l'adolescent, programme de prise en charge psychologique de la souffrance psychique de l'enfant, programme de développement des réseaux de communication dans l'entreprise etc.

3) La troisième étape, ***sélectionner un champ d'application***, permet au chercheur d'éliminer du domaine choisi, les aspects non pertinents ou non significatifs, pour aboutir à l'analyse d'un seul aspect pouvant constituer un cadre pour le travail de recherche.

4) La quatrième étape, ***formuler une ou plusieurs questions de recherche,*** permet au chercheur d'associer champ d'investigation, centre d'intérêt et objet d'étude pour orienter et concrétiser ses intérêts. La formulation de la question de recherche comporte trois caractéristiques : a) c'est une question, donc une phrase interrogative (les hommes et les femmes ont-ils la même perception de la retraite ?) ; b) elle contient une relation entre, au moins, deux variables (est-ce que l'estime de soi est plus basse chez les enfants présentant un échec scolaire ?); c) s'exprime par une terminologie qui permet sa vérification empirique (dans l'exemple précédant estime de soi et échec scolaire sont des concepts clairement circonscrits, alors qu'une formulation du type "se sentent plus mal quand ils ne réussissent pas" relève de notions imprécises et floues).

5) Enfin, ***la formulation des objectifs de l'étude*** permet, assurément, au chercheur de trouver son sujet de recherche. Les objectifs d'un travail de recherche expriment toujours les intentions du chercheur. Il s'agit d'affirmations générales portant sur l'argument de recherche et présentant les principales associations recherchées dans l'étude. La manière dont est formulé l'objectif de l'étude détermine la typologie de la recherche : descriptive, corrélationnelle ou expérimentale, ainsi que le plan de l'étude. La formulation des objectifs doit annoncer clairement ce qui est visé par le chercheur en termes de descriptions, classifications , explications, etc.

Voici à propos d'un exemple concret les différentes étapes conduisant à la formulation d'un sujet de recherche.

I. Champ d'investigation – domaine d'intérêt : santé – diabète insulino-dépendant (DID) infanto-juvénile ;

II. Objets d'étude :

a) profil psychologique des enfants porteurs de DID (étude d'une population)

b) attitudes des enfants DID vis-à-vis de leur traitement (étude d'une population)

c) impact du DID sur la vie familiale (étude d'un problème)

d) relation entre DID et réussite scolaire (étude d'un problème)

e) l'efficacité des programmes d'éducation sur l'équilibre glycémique des enfants (étude d'une modalité d'intervention) ;

III. sélection d'un champ d'application ou sous-domaine : impact du DID sur la vie familiale ;

IV. formulation des questions de recherche :

Quel est l'impact psychologique du DID de l'enfant sur les relations maritales ?

Quel est l'impact psychologique du DID sur les relations aux frères et soeurs ?

V. Formulation des objectifs : l'objectif principal de l'étude (descriptive) est de décrire l'impact du diabète insulinodépendant sur la vie familiale. Les objectifs secondaires auront pour but :

1) d'appréhender l'impact du DID sur les relations maritales ;

2) de déterminer l'impact du DID sur la relation avec le frères et soeurs.

II. Evaluation de la faisabilité de la recherche

Lorsque les objectifs de recherche sont formulés par écrit (l'écrit favorise habituellement la réflexion critique), le chercheur doit se poser une série de questions visant à évaluer la faisabilité de son étude qui portent sur :

1. L'intérêt réel que présente le sujet pour le chercheur ;

2. La quantité de documentation existante et permettant d'étayer ses propos ;

3. L'accès à la population d'étude ;

4. Les points méthodologiques permettant de construire le plan de recherche.

Si la réponse à ces questions est satisfaisante, alors le chercheur a définitivement trouvé son sujet de recherche et peut s'atteler sereinement à la phase suivante qui est celle de l'élaboration du plan de recherche.

En conclusion

L'attitude qui facilite la découverte d'un sujet de recherche repose sur la préparation et sur l'éveil. Elle permet de capter ainsi les idées qui surgissent à l'improviste et de partager ses interrogations avec son entourage.

Un sujet de recherche est, de fait, un objectif de recherche ; trouver un sujet signifie formuler un objectif de recherche en exprimant explicitement ses intentions et ses moyens de travail.

Les sujets issus d'expériences personnelles douloureuses ou de problématiques personnelles conflictuelles sont à éviter, car ils sont source de biais non négligeables.

Élaboration du plan

La seule vraie science est la connaissance des faits

BUFFON

- Faisabilité de la recherche
- Elaboration du protocole de recherche
- Constitution d'une population de recherche
- Techniques de recueil des données et instruments de mesure
- Considérations déontologiques.

La construction du protocole de recherche, qui permettra au chercheur d'aboutir à des conclusions utilisables, découle tout naturellement des objectifs formulés de recherche.

Définition *:* le protocole de recherche représente l'ensemble des procédures (stratégies et démarches) d'investigation entreprises par le chercheur pour obtenir des réponses aux questions de recherche formulées préalablement.

Fonctions *:* Le protocole de recherche remplit trois fonctions majeures :

- la première c'est de clarifier les concepts et de fixer les procédures qui permettront d'entreprendre l'étude ;
- la deuxième est de s'assurer que ces procédures sont adaptées aux questions de recherche posées, en ce sens ou elles permettent d'obtenir de réponses précises, valides et objectives à ces mêmes questions ;
- la troisième est de tenter de minimiser, contrôler, ou quantifier au maximum les effets parasites provenant de variables extérieures ou fortuites.

Le plan de recherche se construit au cours d'un processus en six étapes qui consiste en :

- L'évaluation de la faisabilité de la recherche ;
- Le choix de la méthodologie de recherche ;
- Le choix de la population et de l'échantillonnage ;
- Le choix des instruments de mesure ;

- Le choix des méthodes de traitement des données ;
- L'appréciation des aspects déontologiques.

Les étapes de construction du protocole de recherche :

I. L'évaluation de la faisabilité *de l'étude* répond à la question : la recherche est-elle réalisable d'un point de vue pratique ?

Pour y répondre, il est utile d'examiner :

1. L'intérêt que le chercheur porte au sujet retenu : le degré d'intérêt, ce que l'on attend pour soi-même de l'étude entreprise est une composante motivationnelle privilégiée qui peut agir, au long cours, comme facteur facilitant ou contrariant l'avancée du processus de recherche – mémoire.
2. L'étendue de la documentation existante permettant de poser le problème et d'étayer la réflexion sur des résultats antérieurement obtenus ;
3. l'accès à la population d'étude, sans laquelle la recherche ne peut se confirmer.

II. Choix du protocole de recherche.

Choisir un plan de recherche signifie prendre une décision quant à l'utilisation de la méthode la plus appropriée aux objectifs déterminés.

Globalement les objectifs de recherche en psychologie se regroupent en quatre grandes catégories. Il s'agit de :

- décrire les caractéristiques d'un phénomène ou d'une population ;
- établir des liens entre différents phénomènes, attitudes et/ou comportements;
- expliquer des liens de cause à effet, entre différents phénomènes, attitudes et/ou comportements ;
- explorer la faisabilité d'une autre recherche.

Pour atteindre ces objectifs le chercheur a le choix entre trois grands modèles méthodologiques. Il s'agit de :

- la méthode expérimentale ;
- la méthode non expérimentale ;
- la méthodologie qualitative.

Dans les pages qui suivent ces méthodes seront brièvement rappelées. Outre l'intérêt didactique, ce rappel permettra de montrer comment le protocole de recherche se construit logiquement en fonction des objectifs poursuivis. Ce rappel permettra, également, de clarifier certains aspects rédactionnels du mémoire de recherche, présentés dans les chapitres suivants.

Pour des raisons de clarté nous présenterons dans cet exposé la classification des méthodes de recherche telle qu'elle a été établie par Kumar (1999). En effet, cet auteur ordonne les différentes méthodes selon :

- Le nombre de contacts établis entre le chercheur et sa population ;
- La nature de l'investigation ;
- La période de référence.

• ***Le nombre de contacts établis entre le chercheur et sa population*** englobe les *:*

1. études visant à rechercher la prévalence d'une caractéristique ;
2. modèles test – retest.
3. modèles longitudinaux ;

1. La recherche de la prévalence d'une caractéristique, d'un phénomène, d'une situation ou d'une attitude, dans une population donnée, s'obtient à travers le recueil des informations désirées auprès d'un échantillon représentatif de la population cible.

Exemples :

- Motifs d'exclusion sociale parmi les jeunes de 20-25 ans ;
- Attitudes des jeunes adultes vis-à-vis du PACS (Pacte civil de solidarité) ;

- Caractéristiques socio-démographiques des immigrants de la région Nord- Pas de Calais, etc.

2. le modèle test-retest. S'applique aux investigations visant à mesurer les changements intervenus dans une situation, attitude, phénomène, problème etc. Ce modèle est considéré comme étant le plus adapté à l'étude des modalités d'intervention, ainsi qu'aux études d'évaluation de programmes de prévention, des programmes thérapeutiques etc. Le changement est mesuré en comparant la différence entre les résultats obtenus, à deux moments distincts dans le temps, avant et après l'action du facteur de changement.

Exemples :

- Efficacité d'un programme de ré-attribution des responsabilités, d'une durée de six mois, auprès d'un groupe de jeunes adultes en voie de désinsertion ;
- Impact d'une campagne de sensibilisation aux problèmes de violence sur le comportement des élèves de collège ;
- Efficacité des thérapies cognitives dans les dépressions réactionnelles.

3. le modèle longitudinal. S'applique aux questions de recherche nécessitant le recueil d'information de manière continue et sur une longue période de temps. Dans ce type de plan, la population de l'étude fournit les informations requises à des intervalles réguliers au cours d'une période prédéterminée de temps.

Exemples :

- Evolution psychosociale d'un groupe d'enfants porteurs de maladies auto-immunes, de la maternelle à l'âge adulte ;
- Attitude face au savoir, au cours de la scolarité, chez des enfants issus de milieux défavorisés.

• Les méthodes de recherche selon la nature de l'investigation :

Les méthodes expérimentales, non expérimentales et les méthodes qualitatives font partie des cette catégorie.

- ***Les méthodes expérimentales*** sont définies comme des méthodes visant à établir l'existence d'une relation de cause à effet entre différents phénomènes observés par la manipulation d'une série de facteurs de variabilité. Partant d'une hypothèse (phrase déclarative qui préjuge de l'existence d'un lien causal entre deux ou plusieurs variables) clairement formulée, ces méthodes se déclinent de différentes manières selon la constitution des groupes expérimentaux. Ces méthodes sont conçues pour contrôler les différences individuelles. Les résultats obtenus peuvent donner lieu à des inférences causales. Divers cas de figure sont possibles :

- *des plans expérimentaux de type "comparaison entre groupes"* : groupe contrôle, groupes appariés, groupes randomisés ;
- *des plans expérimentaux de type "intra- groupes" ;*
- *des plans expérimentaux de type "comparaison entre groupes"* :

1. – le groupe contrôle. S'applique lorsqu'il s'agit de tester les effets d'un phénomène, situation, événement. Deux groupes de sujets sont constitués et observés en début d'étude. L'un est appelé le groupe "expérimental", c'est celui qui reçoit le produit, vit un événement particulier, présente une caractéristique spéciale. Le deuxième groupe est appelé groupe contrôle. Il ne présente pas les mêmes caractéristiques ou il n'est pas soumis aux mêmes interventions que le groupe expérimental.

Exemples :

- Caractéristiques des femmes exerçant des professions masculines à partir de l'étude d'un groupe de femmes exerçant des professions masculines et d'un groupe, témoin, de femmes exerçant des professions tout-venant (Lasser et Priou, 1998) ;
- Impact d'un produit psychoactif sur le fonctionnement psychique d'enfants hyperactifs, à partir de l'étude d'un groupe d'enfants hyperactifs, âgés de 10-12 ans, recevant le produit et de celle d'un groupe témoin, d'enfants, hyperactifs, du même âge, ne recevant pas le produit (Fouques, 1998).

2. – Les groupes contrôle appariés. Ces groupes sont habituellement constitués sur la base de leur comparabilité en rapport avec une caractéristique importante de la population d'étude, tels que le niveau socio-économique, l'âge, le sexe ou toute autre caractéristique.

Exemples :

- Etude de l'adaptation psychologique au Diabète insulino-dépendant dans une population d'enfants de 7 à 12 ans par rapport à une population d'enfants appariée pour le sexe, l'age et le niveau socio-économique.

3. – groupes comparés randomisés. S'applique lorsque le chercheur veut étudier l'effet de **différentes modalités d'intervention** et diminuer au maximum les possibles biais. Dans ce type de plan expérimental, la population d'étude est divisée en plusieurs groupes correspondant au nombre exact des modalités d'intervention à l'étude. Chaque groupe reçoit le type de programme prévu ; une comparaison ultérieure entre ces différents groupes vise à évaluer l'intensité des effets obtenus. La randomisation implique que chaque sujet est assigné, au hasard, dans son groupe d'appartenance.

Exemples :

- Etude de l'efficacité des différents types de psychothérapie (analytique, psychodynamique, cognitive, comportementale, etc.) dans le cadre des troubles alimentaires de type boulimique.

- Etude de la transgression des rôles de sexe chez l'adolescent à partir de l'étude de cinq groupes d'adolescents recevant cinq scénarios différents construits autour de conduites conformes ou non au sexe (Marro, 1998) ;

4. – groupes comparés randomisés et appariés. C'est un plan expérimental qui s'utilise aussi dans le cadre de l'évaluation des effets **d'une modalité d'intervention,** d'un programme de traitement ou de formation etc. Il s'agit de constituer, au hasard, une série de groupes de sujets, se trouvant à différentes étapes d'un cursus, d'un traitement ou d'un programme de formation. Ce plan suppose que les participants à ce type de programme soient identiques du point de vue des caractéristiques socio-économiques ou démographiques.

Exemples :

- Etude de l'efficacité d'une nouvelle méthode d'apprentissage des mathématiques auprès de collégiens d'âges différents.

Dans cet exemple la modalité d'intervention est la nouvelle méthode d'apprentissage et la population est constituée de différents groupes d'élèves de niveaux et d'âges différents.

5. – des plans expérimentaux de type "intra-groupes" : dans ce type de plan les mêmes participants se retrouvent dans toutes les conditions expérimentales.

Exemple : Impact de la musique sur la conduite automobile. Dans ce type de plan, on demande aux participants de montrer leur manière de conduire d'abord sans écoute musicale, puis, les mêmes participants conduiront en présence d'un accompagnement musical.

Les méthodes expérimentales constituent les approches les plus rigoureuses de vérification d'une hypothèse.

- Les méthodes non expérimentales

Les méthodes non expérimentales, le plus souvent issues de l'observation, offrent la possibilité d'appréhender les liens existant entre divers phénomènes qui se produisent de manière naturelle et spontanée. Ces approches peuvent s'utiliser lorsque l'objectif de recherche est de décrire les faits étudiés ou d'établir des relations entre différents facteurs.

Le choix d'une approche non expérimentale ne suppose pas obligatoirement la formulation d'une hypothèse expérimentale de recherche. Il peut tout simplement s'agir d'atteindre l'objectif de recherche défini ou de permettre de vérifier empiriquement un constat de terrain.

Les résultats obtenus par ces approches ne permettent pas d'effectuer des inférences causales.

Les principales approches non expérimentales sont : les études de cas, les méthodes d'observation et les méthodes corrélationnelles.

- *Les études de cas.* Il s'agit de l'étude d'un phénomène à travers une analyse approfondie d'un cas individuel. Le cas peut être constitué par une personne, un groupe de personnes, une situation, une communauté, etc. Toutes les données se référant au cas sont analysées et organisées. L'accent est mis sur l'obtention des détails spécifiques, qui peuvent échapper à l'analyse lorsque d'autres méthodes sont utilisées. Cette approche suppose que le cas étudié est représentatif d'une certaine typologie et que les conclusions obtenues peuvent se généraliser à tous les autres cas de sa catégorie.

Un grand spécialiste des études de cas a été et reste toujours Sigmund Freud. Les histoires et l'évolution de ses patients ont été consignées de manière extrêmement précise à travers une grande richesse descriptive. L'analyse de ces cas est restée une source de compréhension et permet de générer des hypothèses, plus restreintes, de recherche future.

- *les méthodes d'observation* se réfèrent à l'observation de comportements dans leur cadre naturel en dehors du contexte du laboratoire. L'observation peut être systématique, c'est à dire se déroulant dans un cadre naturel, tout en étant planifiée à l'avance, ou non systématique c'est à dire se déroulant dans un cadre naturel pour prendre en compte un phénomène répétitif.

- *Les méthodes corrélatives* visent à déterminer si une ou plusieurs variables sont en liaison. Cependant ces méthodes, si elles mettent en évidence des interactions, ne permettent pas d'inférer l'existence de liens de cause à effet.

Exemple :

- Une série de participants passent une échelle d'anxiété ainsi qu'une échelle de "locus of control". Si le coefficient de corrélation entre les résultats à ces deux échelles est positif, alors, l'existence d'un lien entre anxiété et "locus of control", est établie.

- On s'interroge sur l'existence d'un lien entre la violence à la télévision est l'organisation de comportements agressifs chez l'enfant. Si le coefficient de corrélation des mesures obtenues sur ces deux variables, visionner des programmes TV violents et comportements agressifs manifestes chez l'enfant atteint une certaine valeur, alors ces deux facteurs sont liés (la liaison peut être positive ou inversée).

Avec ce type de méthode, le chercheur apprécie le degré d'association manifeste entre deux facteurs, mais ne peut ni déterminer quel est le vecteur de changement ni prédire la survenue d'autres comportements.

- Les méthodes qualitatives

Les méthodes qualitatives sont orientées vers l'analyse de cas concrets dans leurs contextes naturels, en partant, localement, des activités des personnes et de leurs expressions propres (Flick,1998). Elles mettent l'accent sur la nature des échanges sociaux et sur le sens que les participants attribuent à leur situation sociale. Ces méthodes s'utilisent pour l'étude des groupes, mais aussi des cas individuels. L'information provient de données verbales ou de comportements non verbaux, ainsi que de l'observation de situations diverses. La reconstruction de la réalité est faite du point de vue du sujet qui participe à l'interprétation des résultats (Georgiou,1999).

La validité de ces méthodes est le plus souvent obtenue par la technique de la "triangulation" (l'utilisation de deux ou plusieurs méthodes dans la vérification des résultats.).

Les méthodes quantitatives et qualitatives sont complémentaires. Pour les premières il s'agit de quantifier la variabilité d'un phénomène, attitude, situation etc., pour les secondes il s'agit de décrire la nature de cette variation.

- **Les approches selon la période de référence**

- *La période de référence* renvoie au moment ou s'est déroulé le recueil des données. Dans cette perspective, ces études se divisent en deux grandes classes, celles des études prospectives ou rétrospectives.

- *Les études prospectives* portent sur l'évolution d'un phénomène, d'une situation, d'une attitude, dans le futur pour tenter d'en établir l'issue. Le chercheur doit attendre la survenue d'une ou plusieurs interventions afin d'enregistrer les effets sur la population d'étude.

Exemple :
Etablir les effets des prestations de conseil psychologique sur l'étendue des problèmes conjugaux.

- *Les études rétrospectives* étudient un phénomène, situation ou problème survenu dans le passé. Ces études sont réalisées à partir de données, disponibles, déjà collectées antérieurement.

Exemple :
Evaluation des centres de soins pour toxicomanes avec hébergement, de 1991 à 1992, une enquête rétrospective sur 1991 (étude DGS,1992).

En conclusion :

- La connaissance de la méthodologie permet de choisir le plan d'étude le mieux adapté à la question de recherche. La créativité du chercheur s'exprime pleinement à travers ses choix méthodologiques. Cela pourrait aussi bien se traduire par l'originalité de l'angle d'attaque du sujet, ou le caractère paradoxal de la question posée, que par l'atypisme des moyens, dans le sens d'une fabrication de moyens d'investigation, que par, aussi, l'audace dans le choix des personnes étudiées ou rencontrées (Bidoire, 1999).

- Le choix de la méthode s'opère en fonction des objectifs de recherche. Il n'y a pas de "bonne ou de mauvaise méthode" ; il n'y a que des méthodes adaptées ou non aux questions de recherche. Le choix de la méthodologie s'effectue de manière comparative ; les points forts et les points faibles des différentes méthodes ou techniques doivent être passés en revue.

- Toutes les méthodes de recherche ont des points communs (Kumar, 1999) qui se réfèrent à :
- la nécessité de maintenir constant un niveau optimal d'objectivité ;
- la nécessité de contrôler les sources possibles de biais.

L'application de ces principes aux techniques de recueil des données, d'analyse et d'interprétation des résultats authentifient véritablement le processus de recherche.

III. Le choix de la population

Dans le vocabulaire de la recherche, le terme de population désigne un regroupement d'individus répondant aux critères le définissant (Gueguen,1998).

Dans la recherche en psychologie, choisir une population implique de travailler sur deux aspects liés aux :
- caractéristiques particulières des participants ;
- à la manière dont ils sont regroupés et/ou distribués dans les différents types de groupes.

Définir les caractéristiques des participants, du point de vue sociodémographique, de l'âge, du sexe, du niveau socioprofessionnel, etc., est d'une importance majeure car c'est ce qui autorise de généraliser des résultats (Harris, 1997). Généraliser les résultats permet de les étendre à d'autres groupes humains, situations ou phénomènes.

"Constituer un regroupement d'individus répondant aux critères le définissant" implique de construire un sous-ensemble(échantillon) représentatif de la population étudiée. Le procédé d'échantillonnage est celui par lequel des participants sont choisis, pour inclusion dans une étude, à partir d'une population plus vaste.

La notion de représentativité est centrale dans la construction de l'échantillon. Constituer un échantillon représentatif consiste à former un groupe se rapprochant au plus prés des caractéristiques de la population cible. La représentativité de l'échantillon fonde la possibilité de généraliser les résultats et assure la validité externe de l'étude (McCready,1996).

Traditionnellement on estime qu'un échantillon est représentatif lorsque sa taille est pertinente et lorsque les biais de sélection (modalités de recrutement) des participants ont été évacués.

La taille de l'échantillon influe sensiblement sur la précision des résultats. C'est une question cruciale. Plus la taille de l'échantillon est importante et plus les résultats obtenus refléteront avec précision les caractéristiques de la population générale (Kumar, 1999). Cette taille est fixée par beaucoup d'auteurs à 35-40 participants, car du point de vue de l'inférence statistique, lorsque l'effectif des sujets, de l'échantillon, est supérieur à 30, la forme de la loi de Student tend à se confondre avec celle de la loi normale (Gueguen, 1998). Il existe des méthodes statistiques permettant de calculer avec précision, la taille nécessaire de l'échantillon (Gueguen,1998). Différents auteurs (Kumar,1999 ; Leong et Austin,1996) conseillent d'ajuster la taille de l'échantillon en fonction de celle adoptée par d'autres chercheurs, dans des recherches similaires. Cette information s'obtient en compulsant la méthodologie employée dans la littérature concernant le thème étudié.

Par ailleurs, une consultation, à ce sujet, avec le directeur de recherche ou des collègues statisticiens permet de résoudre efficacement ce point épineux.

Les procédés d'échantillonnage permettent d'écarter les biais de sélection. Globalement on distingue deux types d'échantillonnage : probabiliste, par tirage au sort (randomiser) et non probabiliste.

Le procédé d'échantillonnage probabiliste par randomisation donne à chaque élément de la population de référence une chance égale et indépendante d'être inclus dans l'échantillon. Ainsi, la probabilité de faire partie d'un groupe est la même pour chacun des participants et ne subit pas des influences autres, telle la préférence personnelle, par exemple.

L'échantillonnage non probabiliste est une technique qui permet la sélection des participants sur la base de leur disponibilité au moment de l'inclusion. C'est donc un procédé fondé uniquement sur les possibilités d'accès à la population de référence.

Quel que soit le type de procédé choisi, les critères d'inclusion et d'exclusion du groupe du groupe doivent être soigneusement définis. Ainsi pour Perron (1995) il est capital, pour la représentativité de l'échantillon, de déterminer le semblable et le différent. Définir le semblable consiste à décomposer une caractéristique floue en plusieurs caractéristiques plus précises. Ainsi une caractéristique telle que le "niveau social" peut se définir en termes de niveau d'études ou de profession ou de niveau des revenus, etc.

Définir le différent c'est décrire en détail la caractéristique étudiée et fixer des règles d'inclusion. Ainsi, pour cet auteur, si l'on veut comparer deux échantillons d'enfants de 7 ans, bons et mauvais lecteurs, "il faut se donner une définition générale du niveau de lecture à cet âge, puis préciser les critères de décision".

En conclusion

Choisir une population d'étude dans le cadre de l'élaboration d'un protocole de recherche, implique de prendre des décisions appropriées en fonction des : caractéristiques des participants ; de leur nombre ; de la manière dont ils seront recrutés.

IV. Le choix de techniques de recueil des données

Le vocable "données", en psychologie, recouvre l'ensemble de l'information permettant de décrire ou d'expliquer le phénomène, la situation, le comportement ou l'attitude étudiés. Pour répondre aux objectifs de recherche, cette information doit être utile et donc utilisable. La qualité de l'information est garantie par les techniques qui concourent à son recueil.

Pour recueillir des données, il faut déterminer quelles sont les approches les plus appropriées permettant l'obtention d'une information pertinente et de qualité. Le choix d'une technique particulière s'effectue à partir d'une série de critères tels que :

- La nature de l'information à collecter (matériaux conscients ou inconscients ; comportementaux ; cognitifs ; etc.) ;
- Les objectifs de recherche (explication versus description) ;
- La spécificité socio-démographique de la population étudiée (culture, éducation, caractéristiques démographiques, etc.) ;
- Son applicabilité auprès des échantillons constitués (acceptation, méfiance, etc.).

Galilée disait : "Mesure ce qui est mesurable ; quant à ce qui ne l'est pas, essaye de le rendre mesurable". Les techniques de recueil des données permettent de rendre l'information "mesurable". Mesurer, en psychologie, c'est "attribuer des nombres à des choses ou à des événements selon certaines règles (Stevens, 1959)." La mesure est nécessaire pour :

- Différencier entre personnes, choses, événements, situations, etc.
- Comparer les valeurs obtenues à d'autres valeurs préalablement établies (normes) afin de permettre de généraliser les phénomènes étudiés.

Il existe à l'heure actuelle un large éventail d'approches allant de l'entretien non directif, des techniques projectives, des questionnaires et auto-questionnaires, aux instruments de mesure (outils permettant de systématiser et de quantifier l'information) strictement standardisés.

A leur tour, les instruments de mesure sont très diversifiés et peuvent mesurer virtuellement tous les construits élaborés par la discipline.

Au sein d'une même approche, la sélection éclairée d'un outil par rapport à un autre soutend un processus qui se déroule en quatre étapes.

Etapes du processus de sélection des instruments de mesure

1. *la première étape* vise à définir avec précision quels sont les objets de la mesure. Elle implique de :

- Lister les éléments qui doivent devenir "mesurables" pour être accessibles à la comparaison avec d'autres éléments ;
- Clarifier leur définition conceptuelle.

D'une manière générale on distingue quatre types d'objets de mesure :

- les caractéristiques des participants (âge, niveau socio-économique, anxiété, dépression, personnalité de type A, internalistes, externalistes ; etc.) ;
- le degré d'accord entre des observateurs, juges ou cotateurs (garant de la validité de la mesure) ;
- les variables indépendantes qui se réfèrent au phénomène supposé responsable de la modification d'une situation. C'est une variable que l'on manipule "expérimentalement" de manière à pouvoir observer son effet sur la variable dépendante (Beech et Harding, 1994) ;
- les variables dépendantes qui se réfèrent à l'effet du changement produit par la(les) variables indépendantes. C'est la variable que l'on tente de prédire (Beech et Harding, 1994). La question qui se pose est de déterminer comment va être mesuré l'effet produit par la variable indépendante. Cette mesure s'effectuera-t-elle à base d'instruments déjà existants ou nécessitera-t-elle la création de nouveaux instruments, etc.).

Définir clairement les constructions conceptuelles sous-jacentes, nécessite :

- de placer les concepts dans un cadre théorique bien déterminé, en s'appuyant sur les données de la littérature ;

- puis de spécifier les principes de leur cotation.

Ainsi, si l'on souhaite s'intéresser au lien existant entre estime de soi et cohésion familiale, en fonction du niveau socio-économique, il est nécessaire de décrire, sur le plan théorique, le concept d'estime de soi, puis celui de cohésion familiale, en se référant à un ou plusieurs auteurs, puis d'envisager quels vont être les différents niveaux de cotation de ces concepts. Pour l'estime de soi : faible, moyenne, élevée ; pour la cohésion familiale : absence de cohésion, fusion, adéquation etc.

Il est également nécessaire de clarifier comment va être appréhendé le niveau socio-économique : à travers des critères extérieurs (normes INSEE), à partir d' auto-questionnaires ou encore avec d'autres moyens ?

2. *la deuxième étape* concerne la sélection des instruments appropriés.

Le processus de sélection proprement dit débute par une revue de la littérature scientifique (articles, thèses, etc.) afin d'examiner quelle mesure a été adoptée pour traiter d'un sujet similaire. La revue de la littérature permet d'étudier les points forts et les points faibles de tel ou tel instrument dans le cadre d'étude.

Si cette recherche n'aboutit pas, il est alors utile de consulter les catalogues des maisons d'édition des tests : Les Editions du Centre de Psychologie Appliquée (ECPA) et Etablissements d'Application Psychotechnique (EAP). Ces catalogues proposent une liste complète des instruments dont ils disposent, accompagnée d'un descriptif synthétique des applications et des propriétés de l'instrument. Ces catalogues sont gratuits.

3. *La troisième étape* est évaluative ; car il s'agit d'estimer :

- *La pertinence* des instruments retenus. La pertinence d'un instrument s'évalue d'abord à travers le degré d'adéquation qui existe entre ce qui doit être mesuré (le concept) et ce que l'instrument se propose de mesurer. Il s'agit donc d'évaluer l'adéquation entre la définition du concept utilisé dans l'étude et celui ayant permis la construction de l'instrument. Si l'on reprend l'exemple de l'étude de la cohésion familiale, une manière de définir ce concept est celle de la théorie systémique. Dans ce cas, on vérifiera que la théorie qui sous-tend l'Echelle d'Evaluation de l'Adaptation et de la Cohésion Familiale s'apparente bien aux conceptions systémiques.

- Leur *adaptation à la population de référence* (en l'occurrence française) l'existence de normes, d'étalonnages, et d'autres repères, absolument nécessaires à la validité du travail de comparaison. Dans l'exemple de l'étude sur la cohésion familiale et l'estime de soi, si l'on découvre, au cours de la revue de la littérature méthodologique, l'existence d'une Echelle d'Evaluation de l'Adaptation et de la Cohésion Familiale qui correspond aux définitions conceptuelles retenues, il est impératif de vérifier si une version adaptée de cette échelle est disponible en France. Si ce n'est pas le cas, la prospection instrumentale doit se poursuivre, car un outil non adapté ne peut nullement être retenu. L'utiliser, serait commettre une grave erreur méthodologique, qui invaliderait les résultats de recherche. Dans cette analyse, il est aussi important de tenir compte de l'âge des participants inclus dans les groupes d'études et de le comparer à l'âge des sujets ayant constituer l'échantillonnage de référence. En effet, s'il existe une différence d'âge entre la population d'étude et celle de l'échantillonnage, la validité des résultats risque d'être compromise. Toujours dans le but d'augmenter la validité des résultats, il est important d'utiliser l'étalonnage disponible le plus récent. Ce dernier tient compte de l'évolution sociale ou des modifications culturelles qui influencent les caractéristiques ou les modalités de réponse des différentes populations. Cette précaution permet de contrôler les effets "d'ancienneté" de certains instruments qui biaiseraient ainsi les conclusions en "favorisant" ou en "pénalisant" les participants des groupes d'étude.

- De plus, il est utile de vérifier que la présentation de l'instrument (forme écrite ou informatisée ; passation individuelle ou collective, mettant en jeu des facteurs culturels ou des aptitudes motrices, etc.)

correspond aux caractéristiques de la population. Cette précaution permet d'éviter les biais culturels possibles ou les difficultés de passation générés par l'inadéquation entre les exigences de l'instrument et les capacités réelles des groupes explorés.

- *Enfin, leurs propriétés psychométriques* telles que la fidélité, et la validité.

La fidélité indique le degré de concordance des scores obtenus par un sujet passant deux fois le même test. En d'autres termes, il s'agit de la capacité d'un instrument à produire des mesures stables, précises et consistantes à différents moments dans le temps.

La validité est un terme générique qui indique qu'un instrument mesure bien ce qu'il doit mesurer. Ce concept se réfère aux inférences faites à partir de l'instrument. En d'autres termes, la validité d'un instrument reflète la signification du concept étudié. Elle s'obtient à travers deux approches : logiques et statistiques (Kumar, 1999). L'approche logique découle directement des objectifs de recherche. L'approche statistique permet de "prouver" le lien existant entre les questions de recherche et les résultats obtenus.

La validité et la fidélité sont des éléments intrinsèques à tout instrument de mesure. C'est sur ces propriétés que repose le bien-fondé des conclusions de la recherche.

Caractéristiques de l'instrument de mesure

Tout outil de mesure se présente en deux parties. L'une est composée de l'instrument proprement dit (feuille de passation, planches de test, matériels divers, etc.), l'autre du Manuel d'utilisation. Le manuel d'utilisation doit être étudié, préalablement au choix de l'instrument dans la méthodologie de recherche. Le but de cette consultation est double. D'une part, il s'agit de confirmer l'utilité de l'instrument par rapport aux objectifs de recherche et de vérifier ses propriétés métrologiques. D'autre part, il s'agit de se familiariser avec les consignes de passation, les principes de cotation des réponses et les règles d'interprétation des résultats.

Le manuel d'utilisation d'un instrument de mesure s'organise toujours autour du même plan. Il comporte :

- Une introduction qui présente les modèles théoriques retenus et la définition des concepts utilisés dans la construction de l'instrument. *Cette partie permet d'évaluer avec précision la pertinence de l'outil ;*

- Une partie intitulée "Administration et cotation" qui présente les aspects formels du matériel : papier crayon, formes individuelles ou collectives, etc.) ; les caractéristiques des étalonnages de références (âge des sujets et ancienneté) ; le temps nécessaire à la passation, etc. La consultation de ce chapitre *répond à la question de l'adéquation de l'instrument à la population étudiée* ;

- Une partie intitulée "Procédures de cotation" qui indique sous quelle forme sera résumée l'information obtenue (notes brutes ou étalonnées, QI, scores globaux d'échelle, scores de sous-échelles, etc.). L'étude de ce chapitre aidera le chercheur à établir un *format d'exploitation des résultats* qui sera soumis à la discussion avec le directeur du mémoire ;

- Une partie intitulée "Interprétation" qui permet la t*raduction psychologique des résultats chiffrés*, dans un cadre de référence suffisamment précis pour amener tout praticien à des conclusions analogues ;

- Une partie qui présente les études de fidélité et de validité et les caractéristiques psychométriques de l'instrument, garants de l'*utilité de l'instrument*. Lorsqu'il s'agit d'un outil clinique, c'est dans ce chapitre que sont présentées les études cliniques conduites sur des groupes présentant des caractéristiques particulières. L'étude de ces chapitres permet d'évaluer la *force discriminative* de l'instrument ;

- Une partie qui présente des applications sur une population tout venant ou sur des cas cliniques. Cette partie permet de se familiariser avec les consignes de passation, la cotation et l'interprétation des résultats ;

- Une liste de références bibliographiques qui contient les articles fondateurs du domaine. La consultation des éléments de la bibliographie permet d'*étayer la pertinence de l'instrument* et suggère au chercheur des lectures complémentaires tant sur le plan théorique que méthodologique.

- La dernière partie du manuel d'utilisation comprend les tables d'étalonnage qui sont à la base du calcul des résultats. Cette partie permet de vérifier leur ancienneté et/ou leur réactualisation.

La quatrième étape concerne l'accès aux instruments appropriés.

Lors de cette étape, il s'agit de localiser les instruments de mesure et de se les procurer.

- Un grand nombre d'instruments peuvent s'emprunter dans les testothèques universitaires ou s'acquérir dans les maisons d'édition.
- D'autres instruments sont disponibles uniquement auprès de leurs auteurs. Dans ce cas, le chercheur peut prendre contact avec le concepteur, par le biais d'un courrier comprenant :
    - Une brève présentation du chercheur : étudiant, année d'étude, université de rattachement ; professionnel, dans quelle institution, etc. ;
    - Une brève présentation de son projet de recherche : titre, objectifs, éventuellement le nom du directeur de recherche ;
    - La demande d'instrument proprement –dite ;
    - Un engagement formel de respecter les règles déontologiques en vigueur dans la recherche en psychologie et de faire apparaître, dans la version finale du rapport de recherche, les noms des auteurs, ainsi que l'année de parution de l'outil ;
    - L'assurance qu'une copie du rapport de recherche sera adressée à l'auteur quand ce travail sera achevé ;
    - Les remerciements de circonstance.

Tout instrument de mesure est régi par les lois du copyright. Dès lors photocopies ou duplications abusives sont strictement interdites !

En conclusion :

- Le choix de l'outil de recherche s'effectue en adéquation avec les objectifs et les hypothèses de recherche ;
- Le choix de l'instrument de mesure ne doit en aucun cas s'effec-

tuer sur la base de la commodité ou de la convenance ; il doit se décider, soigneusement, après examen des recommandations scientifiques ;

- La sélection d'un instrument de recherche répond à des critères précis d'utilité de validité et de fidélité ;
- Le nom de l'instrument ne reflète pas obligatoirement ce que celui-ci mesure véritablement, d'où la nécessité de se référer à son manuel d'utilisation ;
- Une mesure d'auto-évaluation ne mesure pas le comportement. Elle mesure, seulement, la perception qu'a le sujet de son comportement ;
- Les instruments de mesure sont soumis aux lois du copyright et de la propriété intellectuelle ; leur utilisation engage la responsabilité du chercheur ; photocopies ou diffusions abusives sont strictement interdites et sont passibles de sanctions juridiques ;
- Lorsque la recherche vise à comparer des approches méthodologiques ou des applications pratiques, il est recommandé d'utiliser des tests internationaux (MMPI-2, MBTI, WISC-III, etc.) pour avoir accès à une littérature plus abondante sur le thème.
- Dans certains type d'étude il est nécessaire de procéder à la fabrication des instruments de mesure. Dans ce cas toutes les précautions doivent être prises pour que le produit final soit fidèle et valide.

V. Choix des méthodes d'analyse des données

L'analyse des données se définit comme étant un procédé d'organisation de l'information recueillie pour la structurer, la comprendre et lui attribuer une signification pertinente.

L'analyse des données est l'aboutissement du processus de recherche. Sa mise en place ne nécessite pas des compétences particulières, l'analyse des données est avant tout une question de bon sens. Il s'agit d'une démarche essentiellement logique, bien que certains apprentissages soient nécessaires. Ce qui est important pour bien conduire et réussir l'analyse des données c'est de comprendre notionnellement à quoi servent les différentes méthodes et savoir les interpréter. Toute recherche ou étude sur le terrain s'appuie au départ sur un modèle théorique qui va amener à faire des hypothèses. Ces hypothèses vont être opérationnalisées sous formes de variables mesurables (Mogenet, 1999).

Le rôle des statistiques

Les statistiques ne sont utiles que lorsque l'information recueillie est conforme aux étapes opérationnelles du processus de recherche.

Les méthodes statistiques permettent

- De condenser l'information ; il s'agit des statistiques descriptives (moyenne, écart-type, pourcentages, etc.) qui, en réduisant le volume des données recueillies, contribuent ainsi à leur structuration et à leur organisation. Cependant, en résumant l'information, certaines données peuvent être perdues.
- D'établir des relations entre différentes variables, observations, phénomènes, etc.
- De déterminer l'existence et l'intensité d'une relation établie entre deux variables.
- De décrire et de comprendre l'interrelation de deux ou plusieurs variables et leur contribution respective à l'explication d'un phénomène ou événement.

Pour certains auteurs (Kumar, 1996), bien que les statistiques soient d'une utilité incontestable dans la structuration et l'analyse des données et légitiment les tentatives de modélisation, leur fonction dans la recherche est d'une certaine manière surestimée, dans la mesure ou on leur confère parfois une valeur de démonstration. Pour cet auteur, un chercheur peut conduire une recherche parfaitement valide sans pour autant utiliser des procédures statistiques. Cela dépend des objectifs de la recherche.

VI. Les considérations déontologiques

Le plan de recherche n'est pas achevé s'il n'a pas été considéré, aussi, sous l'angle de la déontologie professionnelle. En effet, toute question de recherche peut susciter des problèmes d'ordre déontologiques, liés à sa nature même et à son opérationnalisation. Le chercheur se doit de résoudre ces problèmes, en tenant compte des obligations qu'il a vis-à-vis de lui-même, des participants qu'il est amené à rencontrer et vis-à-vis des institutions au sein desquelles se déroulera sa recherche. Autrement dit, conduire une recherche de manière déontologique astreint le chercheur à se conformer aux principes du Code de Déontologie (SFP-ANOP-AEPU, 1996) de la profession.

Classiquement, le protocole de recherche doit prendre en compte des considérations déontologiques en rapport avec les participants et en rapport avec soi-même.

Vis-à-vis des participants

En Sciences Sociales les participants sont, le plus souvent, des individus, des groupes, des communautés, des patients, des clients etc. Sans leur concours, la recherche ne peut atteindre pleinement son but, qui est celui de contribuer à l'enrichissement du corpus théorique et des applications pratiques.

Vis-à-vis des participants, le chercheur à un devoir de respect, d'information, et de confidentialité.

Le devoir de respect se traduit, surtout, par :

- *l'évaluation de l'acceptabilité déontologique* du protocole en termes de niveaux de risque ou d'inconfort lié à la présentation de thèmes perçus comme intrusifs. Si toutefois, des thèmes considérés comme invasifs tels que le comportement sexuel par exemple, doivent être abordés, il est impératif d'apporter une information préalable sur les renseignements requis dans le cadre de la recherche, en laissant la possibilité aux participants de décider s'ils souhaitent ou non participer à l'étude.

Pour effectuer correctement l'analyse de l'acceptabilité déontologique, les ressources du chercheur consistent à examiner, dans la littérature scientifique, ce qui s'est déjà fait sur le thème, ainsi que dans la recherche de conseils auprès de pairs plus expérimentés ou des "sages".

- *La liberté du choix.* Cette notion repose sur celle de consentement éclairé qui implique que les candidats à l'inclusion dans une étude sont conscients du type d'information qu'on leur demande, du but de la recherche, des contraintes imposées par leur participation, etc. Tout participant à une recherche en psychologie est volontaire, même lorsqu'il s'agit d'un enfant mineur (l'accord écrit du responsable légal de l'enfant est alors indispensable). Il a de ce fait le choix de participer, de refuser ou de se retirer, à tout moment, de l'étude qui lui a été proposée.

- *Le devoir d'information* se réfère à ce qui sera communiqué au participant avant son entrée dans l'étude et à ce qui lui sera retransmis des résultats de l'étude quand elle sera terminée.

- *Préalablement à l'inclusion*

L'information donnée a un caractère clair et non ambigu ; elle évite la dissimulation ou l'information partielle, en expliquant en quoi consiste la contribution du participant. Elle porte sur une description détaillée des risques ou des sources d'inconfort possibles. Le chercheur s'engage à garantir la confidentialité des données recueillies et à obtenir l'accord de chacun des participants.

- *A l'issue de l'étude*

Avant même de commencer le recueil des données, et en fonction des objectifs de recherche, il est utile d'envisager quand et de quelle manière se fera l'éventuelle transmission des résultats aux participants. Afin d'éviter tout biais méthodologique, cette information est fournie en fin d'étude, une fois que l'ensemble des résultats a été analysé.

Le devoir de confidentialité oblige le chercheur a maintenir confidentielles les informations colligées et à prévoir un endroit "sur" (auquel il est le seul à pouvoir y accéder) pour le stockage de ces données.

Vis-à-vis de lui-même, le chercheur se doit d'utiliser une méthodologie de recherche appropriée. Des procédures inappropriées, telles que la sélection d'échantillonnages biaisés, l'utilisation d'instruments non valides, l'utilisation de méthodes erronées de traitement des données, etc. faussent profondément les conclusions de recherche.

En conclusion :

Le protocole de recherche s'élabore au cours des six étapes distinctes qui ne se suivent pas obligatoirement dans un ordre chronologique. Ces étapes découlent de l'évaluation de la faisabilité de la recherche et s'organisent autour de la logique de la problématique. Ces étapes sont :

- Evaluation de la faisabilité de la recherche ;
- Choix de la méthodologie de recherche ;
- Choix de la population et de l'échantillonnage ;
- Choix des instruments de mesure ;
- Choix des méthodes de traitement des données ;
- Appréciation des aspects déontologiques.

Rédaction du projet de recherche

Un voyage de mille lieues commence avec le premier pas.
LAO-ZI

- Introduction
- Matériel et méthodes
- Déroulement de l'étude
- Références bibliographiques
- Calendrier
- Annexes

L'expérience montre que l'idée même d'avoir à rédiger un projet de recherche inhibe bon nombre d'étudiants ou de jeunes chercheurs, probablement et tout simplement parce, ceux-ci, ne se rendent pas compte de la quantité de travail qu'ils ont déjà accompli. La rédaction du projet de recherche s'inscrit chronologiquement après l'élaboration du protocole de recherche.

Définition : Le projet de recherche est un texte court, de 5 à 10 pages, qui présente la(les) question(s) de recherche ainsi que l'ensemble des stratégies et procédures nécessaires pour y répondre. Il s'agit d'énumérer les tâches qui incombent au chercheur pour atteindre ses objectifs et vérifier ses hypothèses. Dans ce document, le chercheur énonce clairement ses intentions.

Fonction : Le projet de recherche a une double fonction, utilitaire et psychologique.

Utilitaire car sa rédaction et sa présentation à un jury ou à un directeur de recherche, etc. permet, grâce à la critique qui en sera faite, d'améliorer sa conception en termes de validité, de pertinence, de faisabilité et d'objectivité du dispositif proposé ;

Utilitaire aussi, car le projet de recherche constitue une forme de contrat informel qui s'établit entre le chercheur et son directeur de recherche, contrat qui clarifie les attentes de part et d'autre.

Psychologique car celui-ci signe le début effectif du travail de recherche et constitue un précieux document de travail pour le chercheur lui-même, en tant que guide et récapitulatif de l'ensemble des stratégies à mettre en place.

Le projet de recherche comporte une série de rubriques, dont la succession ou les normes de présentation peuvent varier d'une institution à une autre. Il repose cependant, sur des conventions générales adoptées par la communauté scientifique.

La réussite de cette rédaction dépend du suivi scrupuleux des dispositions suivantes :

- L'utilisation d'un plan explicite ;
- La définition de tous termes et concepts par des énoncés clairs et/ou des exemples précis ;
- L'étayage de toute affirmation sur des données documentées.

D'une manière générale, le projet de recherche est rédigé dans un langage professionnel. Il inclut une liste de références bibliographiques qui apparaît à la fois dans le corps et à la fin du texte.

Rubriques constitutives du projet de recherche :

Tout projet de recherche comprend, obligatoirement, les rubriques suivantes : une introduction, une section intitulée matériel et méthodes, une liste de références bibliographiques.

I. L'introduction :

L'introduction est une partie qui débute par la présentation générale de la problématique, située dans contexte théorique, à travers une brève revue de la littérature sur le thème, et aboutir à la présentation de l'objectif et/ou des hypothèses de recherche.

La problématique : est une composante essentielle du travail de construction de la recherche et du projet de recherche. Lorsque la question de recherche est pertinente, opportune ou bien formulée, l'issue de l'étude sera toujours intéressante et ce, quels que soient les résultats obtenus (positifs ou négatifs).

• *Définitions* : "*la problématique est la perspective théorique que l'on décide d'adopter pour traiter le problème posé par la question initiale*" (Bourguignon, 1995).

• *La problématique, c'est l'ensemble construit, autour d'une question principale, des hypothèses de recherche et des lignes d'analyse qui permettront de traiter le sujet choisi* (Beaud, 1998).

La problématique c'est aussi l'ensemble des questions posées par un phénomène particulier ainsi que par ses rapports à d'autres phénomènes, situations ou populations. La problématique se construit à partir :

- De la description de l'objet d'étude ou du phénomène observé, d'un constat de terrain ou d'une réflexion théorique ;
- De l'impact de ce phénomène sur le système dans lequel il se produit ou sur des systèmes plus proches ou plus éloignés.
- Des modèles théoriques choisis par le chercheur.

La revue de la littérature permet d'inscrire le travail de recherche dans un ensemble cohérent et de montrer l'apport de la recherche à l'avancement des connaissances.

Ce chapitre s'organise selon les repères suivants :

Repères théoriques. Cette partie se structure selon la technique de "l'entonnoir": il s'agit de partir des questions générales (vue générale du domaine étudié, théories majeures, etc.), de passer par des questions plus spécifiques (tendances et points de vue actuels ; préoccupations méthodologiques actuelles), pour aboutir à la question précise qui doit être explorée. Le cadre théorique du chercheur doit apparaître clairement à l'issue de ce chapitre.

Repères méthodologiques : Cette partie est constituée d'une série de paragraphes qui font le point sur les méthodologies actuelles habituellement utilisées dans le traitement du sujet d'étude.

Il est fortement recommandé d'être bien familiarisé avec un grand nombre de documents scientifiques lors de la rédaction du projet de recherche. La maîtrise de la littérature permet de mieux cibler le problème de recherche ; d'améliorer la méthodologie en étudiant les procédés d'autres auteurs et les problèmes auxquels ils ont été confrontés et d'étendre et de diversifier les connaissances dans le domaine choisi pour en acquérir l'expertise. Au bout du compte ce travail permet de mieux formuler les objectifs , d'éviter des maladresses méthodologiques, d'enrichir son vocabulaire par un lexique adéquat au sujet. Cette étape indispensable permet aussi de réfléchir aux détails. Enfin, elle avance la rédaction du rapport final.

Justification de la recherche : Ce chapitre, qui succède à la présentation de la littérature sur le thème, doit montrer en quoi la recherche proposée est originale par rapport aux recherches déjà existantes, ainsi que l'intérêt de sa mise en place.

La présentation des *objectifs et hypothèses* doit être très claire et spécifique.

L'objectif exprime les intentions du chercheur et présente au lecteur : le but de la recherche, le cadre de l'étude et le population qui sera étudiée.

Chaque objectif doit être clairement énoncé et introduit par des verbes tels que : décrire, mesurer, explorer, déterminer, évaluer, etc. Par exemple, s'il s'agit d'une recherche descriptive, l'objectif pourrait se formuler ainsi : *l'objectif de cette recherche est de décrire les représentations que le personnel de nuit se fait à propos de son lieu de travail, auprès d'un groupe d'infirmières de nuit travaillant dans un hôpital psychiatrique de la région PACA.*

L'hypothèse de recherche exprime une prévision, une proposition de réponse que donne le chercheur aux questions qu'il se pose (Bourguignon, 1995). Elle contient une inférence sur l'existence d'un lien causal entre deux ou plusieurs phénomènes ou elle permet d'orienter le but de recherche dans une certaine direction. L'hypothèse est pertinente, vérifiable et limitée. Elle est rédigée à la forme affirmative. Sa formulation est claire, précise et non ambiguë ; elle indique quels sont les aspects du problème de recherche qui doivent être investigués. Exemple : *la moyenne d'âge des filles s'engageant dans des études de psychologie est supérieure à celle des garçons suivant le même cursus.* Dans cette phrase, "filles" et "garçons" ciblent les populations qui seront à étudier, la "moyenne d'âge" indique sur quels éléments va porter la comparaison, la "moyenne d'âge est supérieure" spécifie la direction de la comparaison.

Objectifs ou hypothèses de recherche s'inscrivent dans un cadre théorique unique. Mélanger les théories pour s'en servir en fonction des convenances est une démarche artificielle et constitue une erreur méthodologique.

II. Matériel et méthode

Cette section comprend la présentation de l'ensemble du protocole de recherche. Elle doit être très détaillée pour permettre d'aborder tous les points méthodologiques et d'évaluer la validité du travail à venir.

Il est conseillé de structurer la présentation de la méthode autour des rubriques suivantes :

- Commencer par *nommer la méthodologie de recherche choisie (expérimentale, non expérimentale, qualitative) :* ex. étude comparative, étude contrôlée, étude descriptive, etc.

- Décrire les caractéristiques de la *population*, les critères d'inclusion et d'exclusion, la taille de l'échantillon, la méthode d'échantillonnage et les aspects déontologiques liés à la participation de ces sujets.

- Dans la section, *Matériel et méthode, proprement dite,*

  a) Définir les concepts et/ou les hypothèses, sur le plan théorique et opérationnel ;

  b) Présenter les objets de la mesure ainsi que les instruments adéquats sélectionnés. Insister sur le choix de ces instruments tant sur le plan conceptuel (proximité ou adéquation conceptuelle), psychométrique (qualités psychométriques, fidélité, validité, utilité) que sur leur adéquation à l'évaluation de la problématique étudiée ;

- Exposer l'ensemble des modalités (statistiques ou/ non) qui seront utilisés pour effectuer *l'analyse des données.*
- Détailler le *déroulement de l'étude :* insister sur les différentes étapes du recueil des données dans leur chronologie et dans leur succession réelle. Décrire également les caractéristiques particulières du lieu (services, institutions, laboratoires, etc.) où s'effectuera le recueil des données.

III. Liste des références bibliographiques

Une liste des références bibliographiques doit être fournie. Elle permet de vérifier la pertinence des lectures par rapport à la problématique annoncée. Cette liste doit être préparée selon les normes en vigueur dans l'établissement accueillant le projet de recherche. A l'heure actuelle il existe différentes possibilités de présentation des références bibliographiques. Celle qui est largement utilisée en Sciences Humaines, en psychologie notamment, se réfère au format préconisé par l'American Psychological Association (APA, 1994). Cette liste ne contiendra que les références citées dans le texte introductif et dans la section méthodologique. Des ouvrages lus, mais non mentionnés dans le corps du texte, ne figureront pas dans la liste finale des références bibliographiques.

IV. Calendrier

Cette section présente le calendrier prévisionnel de travail et permet d'inscrire la recherche dans une durée plus ou moins déterminée, (donc oblige le chercheur à la terminer !) Il s'agit de reprendre les différentes étapes nécessaires à la réalisation de la recherche et d'évaluer le temps nécessaire à la réalisation de chacune d'entre elles.

V. Annexes

Dans certains cas, cette section (facultative) est utile pour adjoindre au projet de recherche tout document supplémentaire, important, mais inclassable dans une des rubriques classiques du projet. Par exemple, cette section peut contenir des copies du consentement éclairé ou de la lettre d'information destinés aux sujets, une grille ou un guide d'entretien, etc. Ces documents doivent être placés et numérotés dans la section Annexes dans l'ordre de leur mention dans le texte du projet.

VI. Table de matières (facultatif)

Dans certains cas lorsque le projet de recherche dépasse les dix pages, une table de matière peut faciliter la structuration et la lecture des sections.

En conclusion

Le projet de recherche a une fonction utilitaire et psychologique ; il constitue un précieux document de travail pour le chercheur en tant que guide récapitulatif de ce qu'il convient de faire.

Sa rédaction s'organise autour d'une série de rubriques qui sont : l'introduction (problématique et objectifs de recherche), revue de la littérature sur le thème, matériel et méthode (plan de recherche, population, instrument de mesure), analyse des données (ensemble des procédures d'organisation et de structuration de l'information), déroulement (lieu, et étapes du recueil des données), références bibliographiques, calendrier et annexes (cette rubrique étant facultative).

Recueil des données

L'art d'être tantôt très audacieux et tantôt très prudent.

NAPOLÉON Ier

- Insertion dans une institution
- Etude pilote
- Enregistrement des données
- Recueil des données
- Vérification des données
- Considérations déontologiques

Chronologiquement, le processus de recueil des données se met en place après l'acceptation du projet de recherche. Il se déroule au cours d'une période qui présente deux caractéristiques spécifiques. L'une est liée à sa durée – c'est une activité qui prend du temps ; bien que limitée, elle requiert disponibilité et organisation.

L'autre est liée à l'insertion transitoire dans un espace défini et structuré, celui d'une institution (terme générique pour désigner établissements divers, entreprises, systèmes sociaux ou groupes familiaux).

Si idéalement, la gestion du temps est régie par un calendrier préétabli et le plus souvent, par la durée d'un stage, l'insertion en institution pourrait s'avérer problématique et retarder, de ce fait, le développement du travail sur le terrain. Selon Wolf (1993, cité par Flick) :

- Tout processus de recherche est une intervention dans un système social qui peut susciter méfiance et réactions de défense ;
- Tout processus de recherche perturbe la routine du système sans apporter, à court terme, une compensation à l'institution ou à ses membres ;
- Il existe, parfois, un décalage entre les objectifs de la recherche et les intérêts de l'institution ;
- Le processus de recherche interfère avec les activités du système, surtout lorsque les conditions de l'intervention n'ont pas été préalablement éclaircies.

Ainsi, pour éviter impasses ou difficultés, il est utile que le chercheur prépare soigneusement son entrée dans l'institution de son choix, à travers la mise en place d'une relation de collaboration professionnelle. Le bon déroulement du processus de recueil des données dépend plus de l'installation de cette "alliance de travail" que de l'apport d'informations théoriques ou de la simple obtention d'une autorisation administrative (nécessaire cependant).

L'alliance de travail avec l'institution se négocie et s'édifie à partir de :

- La présentation, de manière professionnelle, du projet de recherche lors de la demande d'intégration, au plus grand nombre de personnes concernées (directeurs de services, patrons hospitaliers, maîtres de stages – psychologues, assistants, infirmières, secrétaires d'accueil, etc.) ;

- La présentation de la signification que peut prendre la recherche dans le cadre spécifique de l'institution choisie (en terme de valorisation des personnels, expression de l'intérêt pour un groupe particulier, utilité dans la compréhension ou la réflexion du phénomène étudié, etc.) ;

- La présentation des modalités d'intégration du protocole de recherche dans le quotidien de l'institution ; on insistera sur certaines de ses conséquences car il peut être à l'origine de changements des routines, d'inconfort, de surcharge de travail etc. pour les personnels impliqués ;

- La présentation succincte du chercheur et de ses motivations scientifiques ;

- L'engagement du chercheur à respecter la déontologie professionnelle ;

- L'engagement à fournir un rapport final de recherche (en pratique, le plus souvent il s'agit de la remise d'un exemplaire du mémoire –thèse. Dans des cas exceptionnels, lorsque, par exemple, la recherche porte sur l'analyse comparative du fonctionnement d'institutions différentes ou lorsqu'elle révèle des sujets sensibles pour certaines institutions, le rapport de recherche final peut être dissocié du mémoire-thèse afin de respecter les règles déontologiques et d'éviter conflits ou incidents "diplomatiques").

Ainsi, lors d'un travail de recherche dans une institution, le bon déroulement de la phase de recueil des données oblige le chercheur à s'inscrire dans un processus relationnel de négociation et de manier en permanence la transparence, le rappel des attentes de part et d'autre, des conventions réciproques et de ses objectifs scientifiques.

Le processus de recueil des données

a) mise en place d'une étude pilote

Avant de commencer la phase de recherche proprement dite, il est utile de mettre sur pied une étude pilote (étude de faisabilité ou pré-expérimentation) visant à faciliter, par la suite, le recueil des données définitives.

L'étude pilote permet :
- de tester l'acceptabilité du dispositif expérimental auprès d'une population de participants potentiels ;
- de repérer et de gérer des problèmes non identifiés lors de la construction du plan expérimental ;
- de se familiariser avec les consignes, le matériel et les instruments de mesure ;
- d'envisager un système de stockage et de codage des données.

Deux voies d'approche permettent de réaliser les objectifs de l'étude pilote.

La première concerne l'observation directe effectuée par l'examinateur, et l'analyse de l'adéquation entre le projet écrit et la situation proprement dite.

La deuxième tient compte des remarques des participants à l'étude pilote. Ces participants (adultes ou enfants) sont des personnes présentant les mêmes caractéristiques que celles qui feront partie de l'échantillon d'étude. Leur rôle est très important, car après avoir passé l'ensemble du protocole de recherche, ils ont la tâche de discuter du dispositif avec l'examinateur, échange qui habituellement, ne peut avoir lieu lors de la phase proprement dite de recueil des données..

Si des problèmes surgissent le protocole de recherche est revu et réajusté.

b) l'enregistrement des données

Avant de commencer le recueil proprement dit des données, il est utile d'envisager et de préparer les techniques de cotation ou de codage des données. Le procédé de cotation s'établit en fonction de la nature des données, selon qu'elles sont quantitatives ou qualitatives. Il s'agit d'un processus de transformation de l'information en valeurs numériques, accessibles aux traitements statistiques.

Ce procédé sera pertinent et/ou opérationnel après discussion et réflexion avec le directeur de recherche.

c) Le recueil des données

Un bon recueil de données repose sur le suivi scrupuleux des consignes et des procédures préalablement déterminées, ainsi que sur la gestion des aspects administratifs imposés par le lieu d'accueil. La prise en compte de ces aspects implique de :

- Prévoir des calendriers en tenant compte de la présence de la population sur les lieux ou de la disponibilité des encadrants. Les horaires définis doivent ensuite être respectés ;
- Informer le personnel local de l'intérêt et des particularités du protocole de recherche ;
- Prévoir un lieu de stockage et le codage des données.

d) vérification des données recueillies

Les données doivent être vérifiées scrupuleusement après chaque collecte d'information. La vérification porte à la fois sur :

- *la production du sujet* : il s'agit de considérer l'information dans son contenu pour s'assurer qu'elle est complète ; donc, de vérifier que les sujets ont répondu, par des réponses valides, à l'ensemble des épreuves proposées (à tous les items d'un questionnaire ; par un nombre suffisant des réponses aux tests projectifs, etc.). Cette vérification est nécessaire car elle vise à dépister différents types d'erreurs tels que la présence d'une écriture illisible, d'une réponse formulée à moitié ou hors sujet, etc. Toutes ces erreurs peuvent compromettre l'exactitude de l'information.

- *la production de l'examinateur* : il s'agit de considérer la précision du processus de cotation ou de codage, effectué par l'expérimentateur. Des études montrent, que, sans aucune mauvaise intention, les examinateurs commettent parfois des erreurs de codage qui interfèrent négativement avec les résultats de l'étude (Barber, 1976, cité par Leong et Austin, 1996). Ces erreurs portent, entre autres, sur l'oubli de présenter une épreuve ou de poser une question, sur la méprise dans le classement d'une information, sur des attentes irréalistes par rapport aux réactions des participants, etc.

e) Considérations déontologiques

La falsification ou la création de données est un procédé strictement non déontologique, qui invalide immédiatement le processus de recherche dans son ensemble et discrédite irrémédiablement le chercheur.

En conclusion :

La justesse des données recueillies dépend de la qualité de l'intégration sur le lieu de recherche et de l'exactitude des informations colligées.

Plan du mémoire

Avant donc que d'écrire, apprenez à penser.

BOILEAU

- Introduction
- Revue de la littérature
- Méthodologie
- Résultats
- Discussion

Le rapport de recherche s'organise selon une présentation particulière tant sur le plan matériel que dans sa structure interne. Avant d'entreprendre la rédaction du mémoire-thèse, il est indispensable de se familiariser avec les contenus des différentes parties constitutives d'un rapport de recherche. Ces parties obéissent à des conventions, agrées par la communauté scientifique. Leur appellation ainsi que leur succession suivent la logique du processus de recherche et font ressortir les éléments essentiels à la démonstration. L'ensemble de ces éléments, soumis à l'examen critique des lecteurs, est garant de l'objectivité et de la transparence scientifique.

La problématique de recherche, la littérature existante sur le thème, la méthodologie employée, le traitement et la discussion des données, l'introduction et la conclusion doivent se retrouver dans tout rapport de recherche scientifique.

1. Introduction

L'introduction d'un mémoire de recherche se présente sous la forme d'un chapitre court comprenant deux à cinq pages. C'est un texte qui sert de guide au lecteur car il l'introduit au problème posé ainsi qu'aux différents éléments du rapport de recherche. Le plan de ce chapitre s'organise autour de trois points :

- une présentation très brève de l'intérêt du chercheur pour le thème de recherche. Il s'agit de situer l'origine de la démarche dans un registre plus personnel et de décrire comment s'est déterminé le domaine d'intérêt : à partir d'expériences personnelles (racontées avec retenue et uniquement pour leurs aspects se rapportant au thème de recherche), à partir d'un stage pratique sur le terrain, de lectures diverses, d'analyses théoriques ou méthodologiques, etc. En effet, toute recherche a une origine particulière qui a son importance pour la compréhension de l'ensemble. De surcroît, l'auteur a ainsi l'opportunité d'énoncer les valeurs qui l'ont guidé. L'objectif de cette présentation est de positionner *le champ d'intérêt (domaine d'intérêt) dans un contexte de recherche ;*

- un exposé de la problématique (manière de cerner le problème) de recherche (selon les conventions présentées au chapitre "Rédaction du projet de recherche"), étoffée par la mise en avant de son originalité ou de son utilité, de son importance et (dans certains cas) de la nécessité ou de l'urgence de l'étude. Cette partie doit aboutir à la présentation de l'objectif de recherche et/ou des hypothèses expérimentales ainsi que du cadre théorique qui sert de référence au chercheur ;

- une présentation des objectifs de la recherche, permet d'approcher le cheminement logique qui va de la question de recherche aux réponses apportées par le travail de recherche. La formulation des objectifs de recherche doit être claire et non ambiguë. L'objectif de recherche est introduit par des mots tels que "décrire, déterminer, évaluer, rechercher, appréhender", etc. Si l'étude comporte une série d'objectifs secondaires, ces derniers doivent être présentés, numérotés, sous forme de liste. Si l'étude est essentiellement descriptive, son objectif doit décrire le centre d'intérêt (le point central) de la recherche. Si l'étude est corrélationnelle, outre la présentation du point central d'intérêt de l'étude, la formulation des objectifs doit inclure les principales variables mises en corrélation (par exemple : déterminer l'impact de l'alcool sur les rôles parentaux ou comparer l'efficacité de différentes formes de thérapie sur les syndromes post-traumatiques). Si l'étude est de type expérimental, les objectifs doivent également faire état de la direction de la relation à l'étude (par exemple déterminer si l'accumulation d'échecs scolaires *augmente* la baisse d'estime de soi chez des enfants de collège ou montrer que le traitement psychologique de l'exclusion *réduit* la violence dans les banlieues).

Ainsi, le but de cet exposé est de placer l'*objet d'étude dans un cadre de recherche.*

Le domaine d'intérêt et l'objet d'étude sont placés dans un contexte de recherche pour qu'ils puissent être mis en relief à la lumière des connaissances déjà existantes.

Seule une revue minutieuse de la littérature sur le thème permet d'atteindre de tels objectifs.

2. La revue de la littérature

La revue de la littérature est une étape primordiale du processus de recherche, du mémoire de recherche et du cursus universitaire. Elle correspond à un processus continu et vivant, qui commence bien avant l'élaboration de la question de recherche pour se poursuivre bien après la rédaction du mémoire de recherche. Elle agit comme un grand "organisateur" du mémoire, car elle est vecteur d'intégration et de confrontation des données théoriques et pratiques. En ce sens, elle garantit l'existence de la recherche.

La revue de la littérature fait l'objet d'un chapitre de 30-40 pages environ, qui résume l'essentiel des connaissances actualisées sur le sujet. Sa présentation se fait de manière critique en montrant les retombées possibles des théories ou des méthodologies sur le sujet. Une telle revue suppose un travail analytique et synthétique aboutissant à la création de liens entre les diverses théories ou entre les théories et les pratiques. Le produit final se présente sous la forme d'un ensemble équilibré, logique et cohérent, distinct du simple enchaînement d'éléments disparates.

La logique du processus de la recherche fait que la *littérature se lit et s'expose deux fois*. De ce fait, son objectif est double :

- D'une part, lors d'une première lecture, il s'agit de *découvrir et d'analyser* un sujet et les apports majeurs qui le sous-tendent. C'est l'objet de l'exposé constituant le chapitre intitulé : "Revue de la littérature ou Partie théorique".
- D'autre part, une deuxième lecture permet de *confronter et de discuter* les résultats issus de la recherche proprement dite, avec ceux d'autres auteurs. L'exposé de cette confrontation étoffe le chapitre de la "Discussion".

Toute revue de la littérature implique de :

- Sélectionner et évaluer les documents utiles ;
- Construire un plan de présentation ;
- Choisir un fil conducteur ;
- Traduire et organiser les idées.

a) Sélectionner les documents utiles suppose de choisir divers documents (publiés ou/et non publiés) sur un sujet donné, selon qu'ils contiennent des informations, des démonstrations, des résultats ou des points de vue sur le thème de recherche retenu ou sur la manière dont celui-ci a été abordé. Nombreux sont les jeunes chercheurs qui s'interrogent et qui tentent à dégager les concepts à approfondir dans la partie théorique de leur mémoire. Pour répondre à cette interrogation, il convient de décider des mots-clefs permettant d'orienter le choix conceptuel. Ces mots-clefs figurent explicitement dans la formulation de l'objectif du travail de recherche et recouvrent, généralement, les objets d'étude (personnes, phénomènes, programmes) et l'éventuelle relation qui les unit. Si par exemple, l'objectif d'un travail de recherche est de décrire les liens existant entre carences affectives et fonctionnement de l'intelligence chez l'enfant de 8 ans, la revue de la littérature portera sur les objets d'étude (problèmes : carences affectives, notion d'intelligence ; et personnes : développement de l'enfant de 8 ans) ainsi que sur la relation qui a déjà été établie entre eux par d'autres chercheurs. Dans le cadre d'une recherche expérimentale ayant exigé la formulation d'une hypothèse de recherche, les mots clefs représentent les variables dépendantes et indépendantes.

Une fois que les concepts à analyser ont été répertoriés, il s'agit d'aborder, pratiquement, le choix des documents s'y référant.

Les documents seront sélectionnés, en fonction de leur caractère universel ou spécifique et de l'année de leur publication[1] pour servir trois objectifs distincts : identifier des points de vue théoriques ; justifier la problématique de recherche ; étayer et/ou contredire les résultats obtenus.

• Sélectionner des documents utiles d'un point de *vue conceptuel* repose sur l'identification approfondie des points de vue théoriques dominants et de leurs correspondants méthodologiques. Quel que soit le sujet de recherche, cette identification est ancrée dans les convictions théoriques de l'auteur et peut marquer le contenu de sa revue bibliographique. C'est donc un facteur possible de partialité, qui mérite d'être contrôlé par la présentation critique de différents autres modèles.

• Choisir des documents *justifiant la problématique* de recherche repose essentiellement sur l'identification d'un manque (conceptuel, méthodologique, etc.) dans la littérature, pour pouvoir y insérer sa propre étude. Il s'agit de signaler les documents en fonction de ce qui a été déjà fait et de ce qu'ils présentent comme restant encore à faire.

• Sélectionner une bibliographie *pour étayer et/ou contredire* les résultats obtenus, engage à identifier le cheminement parcouru par d'autres auteurs ayant obtenu des résultats divergents ou convergents. Il s'agit d'identifier leurs définitions conceptuelles et méthodologiques ainsi que leurs techniques de recueil des données. Il s'agit aussi de repérer l'existence d'une divergence ou d'un accord entre les différents auteurs pour pouvoir réfléchir et commenter la pertinence ces divergences.

1. un document est considéré comme récent lorsque la date de sa publication est inférieure ou égale à cinq ans

b) Evaluer la pertinence de la bibliographie

L'évaluation de la bibliographie ne repose pas sur l'expression d'opinions personnelles, guidées par l'attrait subjectif que peut représenter tel ou tel texte, mais se fonde sur l'analyse critique de la cohérence[2] interne des théories, des méthodologies et des résultats, dans un contexte scientifique.

Les critères d'évaluation d'un document scientifique prennent en compte :

- la pertinence de la problématique ;
- l'adéquation entre le type d'étude (recherche fondamentale, appliquée, recherche –action, etc.), la méthodologie utilisée et l'analyse des données ; entre les objets d'étude, la constitution de l'échantillonnage et les considérations déontologiques ;
- la possibilité de généraliser les résultats à d'autres types de situations.

c) Présentation de la recherche bibliographiques – Le plan

Ce chapitre est, par convention, constitué des sous-chapitres suivants (largement développés par Hart, 1998) : l'introduction, la présentation des documents sélectionnés, les résumés d'étape et la conclusion.

L'introduction permet d'exposer la nature et les objectifs de la recherche bibliographique. Habituellement, ce sous-chapitre d'une ou deux pages, débute par un bref *historique* des concepts étudiés, qui décrit la manière dont ceux-ci ont évolué pour aboutir à leur définition claire et non ambiguë. Suit, une rubrique qui informe explicitement sur les *objectifs de la recherche bibliographique*. Ceux-ci peuvent s'inscrire dans deux perspectives différentes :

- *Une perspective descriptive*, visant à présenter les travaux antérieurs en identifiant les concepts porteurs et les théories essentielles,

---

2. lien logique entre les divers éléments d'un ensemble ou modèle

ainsi que les aspects du sujet considérés comme importants par d'autres chercheurs ;

- *Une perspective critique*, visant à exposer les mérites et les lacunes des travaux antérieurs tant sur le plan conceptuel que méthodologique pour dégager un point de vue personnel ou novateur ;

- *Une perspective synthétique* qui correspond au rapprochement des deux perspectives précédentes. Il s'agit, tout en présentant, les directions générales de recherche sur le thème, de mettre l'accent sur les manques ou les faiblesses méthodologiques et/ou conceptuelles. Enfin, l'introduction s'achève sur la récapitulation des stratégies utilisées pour restituer la bibliographie. Il s'agit donc, de conclure cette partie introductive par la présentation du "fil conducteur" qui permettra de structurer, d'organiser et de regrouper d'une manière logique l'ensemble des documents bibliographiques.

La présentation de la recherche bibliographique proprement dite est un sous chapitre d'environ 30 à 40 pages qui présente, sous une forme organisée, l'ensemble des documents scientifiques sélectionnés. Ce sous-chapitre a deux objectifs :

- L'un est informatif : il s'agit d'assimiler et de produire des informations ;

- L'autre est justificatif : il s'agit de démontrer que la littérature significative sur le sujet (concepts principaux, principales théories et approches méthodologiques) a été identifiée, comprise, et expertisée.

Ce sous-chapitre se construit, habituellement, autour d'un "fil conducteur" qui sert d'"organisateur". Il permet de présenter la littérature en un ensemble harmonieux, logique et cohérent. Cette opération implique de trier et d'organiser l'ensemble du matériel pour réduire la quantité d'information à une ampleur raisonnable.

d) Choisir le "fil conducteur" selon diverses possibilités :

En fonction d'un *ordre chronologique*, il s'agit de présenter, à partir de l'année de publication, les conceptions, les théorisations et/ou les approches méthodologiques de différents auteurs ayant étudié le thème ;

• En fonction d'une *homogénéité théorique*, il s'agit d'exposer, indépendamment de la chronologie, les modèles théoriques congruents, qui se soutiennent et se renforcent et les modèles théoriques non congruents, qui divergent et qui se contredisent ;

• En fonction d'une *approche empirique*, il s'agit, à partir de la naissance d'un concept, de suivre son évolution et ses modifications au travers des différents apports empiriques, pour cibler sa valeur généralisatrice et pour délimiter l'étendue de ses domaines d'utilisation.

Quel que soit le fil conducteur, ce sous-chapitre comporte des *paragraphes de transition* ainsi que des *résumés d'étape*, situés à la fin de chacune des rubriques évoquées. La présentation de la recherche bibliographique comporte aussi un paragraphe de *conclusion*, qui vise à rappeler brièvement les principaux apports théoriques, permettant de justifier la problématique et le plan de recherche. C'est aussi dans le paragraphe de conclusion que le chercheur, en s'appuyant sur sa recherche bibliographique, énonce ses positions théoriques et clarifie ses choix.

e) Traduire et organiser les idées

Quelle que soit l'approche retenue, l'organisation et l'expression des idées se fondent incontestablement sur l'*analyse, la synthèse et la comparaison des textes scientifiques.*

- *L'analyse* est réalisée à travers deux opérations distinctes, mais indissociables : l'affirmation et sa justification. L'affirmation implique d'énoncer la véracité ou l'exactitude d'un fait. Dans le cadre de la présentation de la recherche bibliographique, *analyser* consiste à décrire la pensée, les interprétations et l'argumentation d'autres auteurs. *Justifier* c'est apporter les données (preuves) qui soutiennent l'affirmation, afin que celle-ci soit acceptée par d'autres. Dans le cadre de la présentation de la recherche bibliographique, la description des travaux d'autrui doit être accompagnée de la présentation des arguments justificatifs mis en avant par les auteurs eux-mêmes. Ces arguments peuvent être d'ordre théorique (modèles préexistants), statistiques (l'obtention de différences significatives), empiriques (produits de l'observation), etc. Les opinions personnelles sont déconseillées à ce stade, la justification repose uniquement sur les données de la littérature.

- *La synthèse* des textes scientifiques implique, aussi, la réalisation de deux opérations distinctes mais indissociables : la compréhension et la reformulation. La compréhension est un travail d'explication et de différenciation des données. La reformulation est un travail de réorganisation des données pour faciliter l'émergence d'un point de vue nouveau ou d'une conclusion originale. Les opinions personnelles argumentées trouvent leur place dans les paragraphes de synthèse.

- *La comparaison* des textes scientifiques est une pratique courante en sciences humaines. Ce procédé suppose d'analyser et de synthétiser les travaux antérieurs pour mettre en évidence les points de convergence et de divergence.

Considérations déontologiques.

L'exposé déontologique des travaux d'autrui suppose que la présentation des apports cités se fait de manière honnête, impartiale et non fallacieuse. Les critiques ne portent que sur la qualité des travaux et se doivent d'être dûment argumentées.

Considérations pratiques.

Localiser la bibliographie significative peut facilement se réaliser en consultant les références bibliographiques d'ouvrages récents disponibles dans les librairies spécialisées ; en consultant des documents non publiés tels que thèses, mémoires ou actes de conférences ; en consultant les bases de données informatisées (Pascal, PsycINFO, PsychLIT, Current Contents, Medline, etc).

Augmenter la lisibilité de la revue de la littérature : Dans la communication du matériel bibliographique, la clarté est la qualité essentielle. Elle peut être favorisée par la structuration du texte au moyen de sous-titres ou d'une numérotation des paragraphes significatifs.

En conclusion

La recherche bibliographique est une partie intégrante du processus de recherche car tout chercheur a la responsabilité d'assimiler, d'intégrer et d'actualiser les travaux qui existent dans son champ (Hart, 1998).

Dans le cadre d'un travail scientifique, le chercheur doit intégrer les ouvrages qu'il a réellement lus et non pas ceux qui décrivent les travaux d'autrui : une de ses tâches est justement de produire une analyse critique des documents annoncés.

Il doit également éviter d'inclure dans la revue de la littérature des références issues d'une presse de vulgarisation telle que Le Point, Le Monde, et ce, parce que même si ces publications contiennent des informations utiles, les articles n'ont pas été soumis à une évaluation critique, semblable à celle effectuée par un Comité de Lecture par exemple. La recherche bibliographique doit se référer à des sources scientifiques précises et reconnues. La citation de sources de vulgarisation (journaux, voir ci-dessous ou livres) peut cependant apparaître pertinente dans des cas bien ciblés lorsque ces sources deviennent objet d'étude : par exemple si on s'attache à analyser l'évolution de l'image du Sida de 1985 à aujourd'hui, les préjugés relatifs à tel ou tel phénomène, les discours sur l'illettrisme, etc.

3. Présentation de la méthodologie

La méthode de recherche se fonde sur des propositions réfléchies qui assurent à la fois le succès et la validité de la démarche. Seuls sont fiables, les résultats obtenus par une méthodologie adaptée et rigoureuse. C'est pour cette raison que le mémoire de recherche comporte obligatoirement un chapitre explicitant la méthodologie et les démarches adoptées. L'objectif de cette partie est de fournir un compte rendu précis et détaillé de ce qui a été fait avec le protocole de recherche. La présentation de la méthodologie se fait de manière exhaustive. En effet, il s'agit de produire toute l'information nécessaire pour qu'une répétition exacte du protocole de recherche puisse éventuellement avoir lieu. Cette nécessité est dictée par les impératifs scientifiques liés à la stabilité des résultats dans le temps, donc à leur fidélité. Certains auteurs (Harris, 1986), pensent même que pour tester la stabilité générale des résultats , le travail de reproduction des recherches en psychologie devrait être plus soutenu qu'il ne l'est à l'heure actuelle. De plus, dans l'hypothèse où les résultats de recherche seraient contestés, la réplication de l'étude permet de confirmer ou d'infirmer le bien fondé de la contestation.

Le chapitre "méthodologie" comporte une série de sous-chapitres qui se suivent dans un ordre logique et prédéterminé :

- Définition des principaux concepts et du plan de recherche (plan expérimental, non expérimental, etc.) ;

- La présentation de la population d'étude. Il s'agit de : décrire les caractéristiques propres des participants (âge, sexe, niveau socio-économique), ainsi que leur caractéristiques spécifiques (porteurs d'une affection, candidats à un poste, etc.) et la manière dont ils ont été recrutés pour leur inclusion dans les différentes groupes (constitution des échantillons).

- La présentation des objets et des instruments de mesure. Il s'agit de présenter la technique choisie (questionnaires, tests projectifs, etc.) d'en justifier le choix, en fonction des options théoriques et des définitions conceptuelles, et de décrire les propriétés spécifiques des instruments retenus (en termes psychométriques de validité, fidélité, sensibilité, etc.). Il est fortement recommandé de présenter les valeurs psychométriques chiffrées de fidélité et de validité telles qu'elles se présentent dans les manuels d'utilisation des instruments. L'instrument a bien été choisi en connaissance de cause.

- Le déroulement précis de l'étude. Dans ce sous-chapitre, il s'agit d'indiquer, étape par étape, les procédures de recueil des données (l'information préalable donnée aux participants, consignes, etc.). C'est aussi, dans ce sous-chapitre que seront exposées les considérations déontologiques liées à la protection des participants.

Si un problème méthodologique survient au cours de la phase de recueil des données, celui-ci ne sera pas abordé dans le chapitre de la méthodologie, mais sera soulevé et détaillé, lors de la discussion, dans le sous-chapitre "limites de l'étude".

En conclusion

La présentation du chapitre *méthodologie* répond à la règle d'exhaustivité et suit un plan préétabli, allant de la définition des concepts à la description des procédures de recueil des données.

4. Présentation des résultats

C'est un chapitre à part qui s'intitule classiquement "Résultats". Le chapitre des résultats présente l'ensemble des données en rapport avec les hypothèses de recherche. Cette section commence avec le début du projet de recherche car elle a son origine dans la formulation des hypothèses.

L'objectif de ce chapitre est de détailler les données de manière claire et compréhensible.

Dans la communauté scientifique, il existe une série de conventions liées à la présentation des résultats.

Présentation des résultats

- Ce chapitre ne contient que des résultats ; les éléments d'interprétation ou de discussion font l'objet d'un chapitre à part intitulé "discussion" ;

- Les résultats sont ordonnés et présentés selon l'ordre d'importance des hypothèses. Il est donc utile de rappeler en début de ce chapitre l'énoncé des questions et des hypothèses de recherche ;

- Les données brutes (notes, scores, codes etc.) ne sont pas incluses telles quelles dans cette section, mais sont présentées sous la forme de statistiques descriptives (moyenne, écart type, etc.) ou inférentielles (tests des significativité, analyses factorielles, etc.) ;

- Il est nécessaire de rappeler chaque type d'examen statistique ayant permis d'analyser les données brutes. Il convient de citer le test statistique, en précisant sur quelle série de données il a été utilisé (exemple : le groupe expérimental et le groupe contrôle ont été comparés selon le t de Student.) ;

- Tous les résultats sont exprimés en style rédactionnel, donc sous forme de texte, même si certains sont présentés sous forme de tableaux. Les tableaux ou graphiques ne dispensent en aucun cas de la rédaction des résultats ;

- Les conclusions des résultats obtenus sont d'abord énoncées puis dûment justifiés en mentionnant les données ou les analyses statistiques qui permettent de les étayer. Exemple (fictif) : "les femmes sont moins perturbées au moment de prendre leur retraite que les hommes (Mh = 5.02 ; Mf = 3.5), $F(1,29 = 6.49, p<0.05)$" le résultat chiffré se lit et se rédige comme suit : la moyenne des hommes sur le test d'adaptation à la retraite est de 5.2, l'ANOVA (l'analyse de la variance) $F(1,29)$ au seuil de significativité inférieur à 0.05 s'est avérée être significativement plus élevée que celle des femmes.

- Il existe, également, des conventions scientifiques liées à la présentation des données statistiques. Elles doivent être abordées avec le directeur de mémoire.

L'utilisation des tableaux

La présence de tableaux est très opportune dans un chapitre tel que celui des résultats, car ce sont des moyens qui n'apportent pas une information supplémentaire, mais qui permettent de communiquer plus clairement l'information déjà existante.

Définition : les tableaux constituent des moyens reconnus pour présenter une large quantité d'information dans un petit espace. (The Chicago Manual of Style, 1992 : 321, cité par Kumar, 1996) .

Classiquement, un tableau se construit toujours selon la même ossature :

- *le titre :* qui indique habituellement le numéro du tableau et décrit le type de données qu'il contient. Les tableaux sont numérotés par ordre d'apparition dans le texte. La procédure de numérotation des tableaux dépend d'un choix personnel, mais, dans le cas d'un mémoire de recherche, il est utile de numéroter les tableaux en inscrivant d'abord le numéro du chapitre, puis celui du tableau proprement dit. Cette procédure permet, lorsque c'est nécessaire lors de la révision du mémoire, de rajouter ou d'enlever un tableau sans être obligé de modifier la numérotation des tableaux sur l'ensemble du texte. Le changement de numérotation ne s'étendra qu'à un chapitre précis, ce qui permet un gain de temps.

Tableau 6-1

Troubles mentaux associés à l'affection G

	population A N = 48	*population B* N = 48	*Incipients* N = 37
Troubles mentaux			
Troubles anxieux	8 (16)	0	4 (10)
Troubles affectifs	7 (15)	3 (6)	2 (5)
Troubles de l'adaptation	3 (6)	1 (2)	1 (2)
Troubles somatoformes	0	1 (2)	0
Troubles de conversion	0	1 (2)	0
Trouble mental non spécifique	0	1 (2)	0
Total troubles mentaux	18 (37)	7 (14)	7 (18)

Note : les chiffres entre parenthèses sont des pourcentages

Tableau 6-2 :

Attitudes vis-à-vis des transports en commun en fonction de l'âge

	Âge					
	< 20	21-30	31-39	4049->	50	total
Attitudes vis-à-vis des transports						
Très favorable	xx%	xx%	xx%	xx%	xx%	xx%
Favorable	xx%	xx%	xx%	xx%	xx%	xx%
Incertain	xx%	xx%	xx%	xx%	xx%	xx%
Peu favorable	xx%	xx%	xx%	xx%	xx%	xx%
Très défavorable	xx%	xx%	xx%	xx%	xx%	xx%
Total	xx%	xx%	xx%	xx%	xx%	xx%

La description accompagnant le numéro du tableau doit être exhaustive et clairement spécifier le contenu du tableau. Si le tableau contient des informations relatives à plusieurs variables, ce sont les variables dépendantes qui sont mentionnées en premier. Exemple : attitudes (variable dépendante) vis-à-vis du diabète en fonction de l'âge (variable indépendante).

- les lignes regroupent les différents aspects des variables dépendantes . Il s'agit de la première colonne sur la gauche.

- Les colonnes regroupent les sous catégories d'une variable qui rend compte du nombre des répondants ou de leur pourcentage.

- Les cellules constituent les cases qui accueillent les données analysées.

- Des notes en bas de page peuvent indiquer : la source du tableau (lorsqu'il est extrait d'un autre document) ; marques diverses ; indications sur une partie précise du tableau et des indications sur le seuil de probabilité. Les indications sur le seuil de probabilité constituent, classiquement, le type le plus fréquent de note en bas de page. Lorsque

Tableau 6-3

Comparaison des résultats d'un groupe expérimental pathologique (GEP) et d'un groupe contrôle (GC) au FACES III (ANOVA 2X2)

		Hommes				Femmes				Effet du diagnostic	Effet du sexe	Interaction
		GEP n = 80 moyenne	écart type	GC n = 75 moyenne	écart type	GEP n = 80 moyenne	écart type	GC n = 72 moyenne	écart type			
Note globale	cohésion	XX.X	XX.X	XX.X	XX.X	XX.X	XX.X	XX.X	XX.X	**	NS	NS
	absence de relation	XX.X	XX.X	XX.X	XX.X	XX.X	XX.X	XX.X	XX.X	NS	NS	NS
	individualistes en relation	XX.X	XX.X	XX.X	XX.X	XX.X	XX.X	XX.X	XX.X	NS	NS	NS
	relation positive	XX.X	XX.X	XX.X	XX.X	XX.X	XX.X	XX.X	XX.X	NS	NS	NS
	fusion	XX.X	XX.X	XX.X	XX.X	XX.X	XX.X	XX.X	XX.X	*	**	NS
Note globale d'adaptabilité		XX.X	XX.X	XX.X	XX.X	XX.X	XX.X	XX.X	XX.X	**		
	chaotique	XX.X	XX.X	XX.X	XX.X	XX.X	XX.X	XX.X	XX.X	*	*	NS
	souple	XX.X	XX.X	XX.X	XX.X	XX.X	XX.X	XX.X	XX.X	NS	NS	NS
	structurée	XX.X	XX.X	XX.X	XX.X	XX.X	XX.X	XX.X	XX.X	NS	NS	NS
	rigide	XX.X	XX.X	XX.X	XX.X	XX.X	XX.X	XX.X	XX.X	**	NS	NS

$$ p < 0,001

$ p < 0,01

le tableau a été construit par un autre auteur, il est obligatoire de mentionner son origine en note de bas de page. Les références bibliographiques ne sont jamais présentées en note de bas de page.

Les tableaux se divisent en trois types, en fonction du nombre de variables qu'il est nécessaire de mentionner :

- univarié : contient une information à propos d'une seule variable, exemple tableau fictif 6-1 ;
- bivariés : contient des informations à propos de deux variables, cf. tableau fictif 6-2 ;
- multivariés : contient des informations à propos de plus de deux variables, cf. tableau fictif 6-3.

L'utilisation des graphiques

L'objectif principal d'un graphique est de présenter les données (variations ou variables signifiantes) de façon plus directe qu'un tableau. Tout graphique reste intimement lié aux données figurant dans un tableau ; bien qu'il n'apporte rien de plus que ce qui peut être trouvé dans un tableau, il aide à orienter l'interprétation.

Des graphiques peuvent être établis pour tout type de données, tant quantitatives que qualitatives.

- La représentation graphique s'organise toujours autour de deux axes : un horizontal et un vertical. L'axe horizontal s'appelle l'abscisse (X) et l'axe vertical s'appelle l'ordonnée (Y).
- Il est habituel de présenter les sous catégories d'une variable sur l'abscisse et la fréquence ou le nombre sur l'ordonnée. Deux variables peuvent être présentées sur un même graphique.
- Le graphique (appelée habituellement dans le texte "figure"), comme le tableau, doit comporter un titre incluant son numéro selon son apparition dans le texte et la description exhaustive de son contenu.
- Le graphique doit être présenté à une échelle appropriée.

Les graphiques les plus utilisés sont : l'histogramme et le diagramme circulaire (cf. figures 6-1 et 6-2)

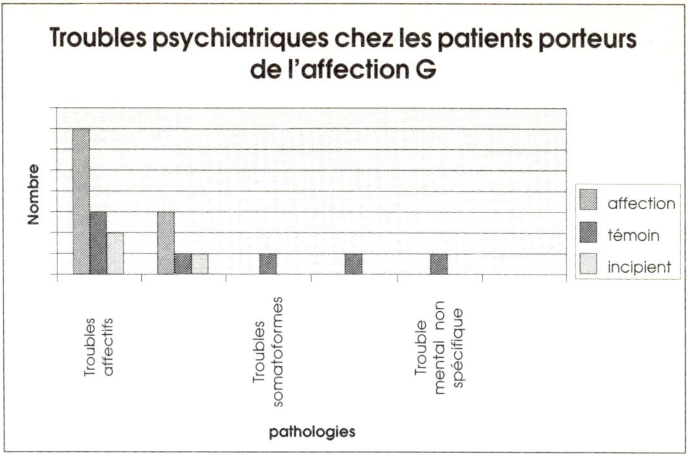

Figure 6-1

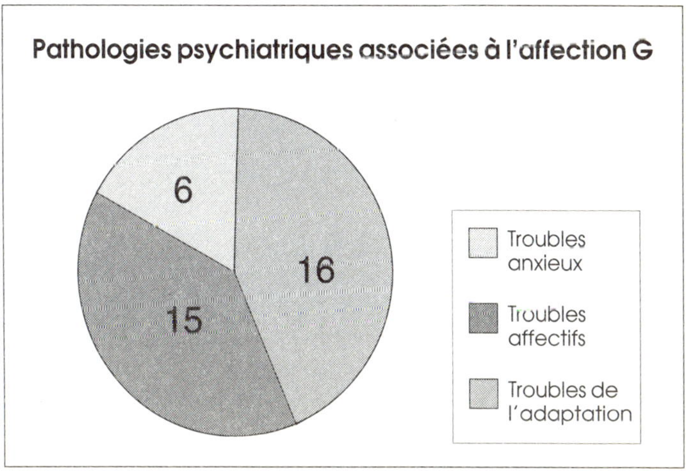

Figure 6-2

Considérations déontologiques

Pour être conforme à la déontologie professionnelle, la présentation des résultats obéit à des règles portant sur l'évitement des biais. Le biais, dans ce cas précis, se définit comme une tentative délibérée de cacher certains des résultats de l'étude ou d'accorder une signification disproportionnée à un résultat mineur (Kumar, 1999).

En conclusion :

- Le chapitre des résultats ne contient que les produits obtenus par des analyses statistiques ou d'autres procédures de traitement de l'information.
- Toute l'information chiffrée est rédigée ; elle peut faire l'objet d'une présentation résumée sous forme de tableaux, graphiques et/ou figures.
- La présentation des résultats tient compte des recommandations déontologiques relatives à l'évitement des biais

5. Discussion des résultats

La seule présentation des résultats ne rend pas compte de leur signification. C'est pourquoi, le chapitre de la discussion traite de ce que les résultats obtenus veulent dire. Il s'agit d'attribuer un sens aux données, qui, en elles-mêmes, n'expliquent pas grand chose. La question à laquelle répond le chapitre de la discussion est :"que peut-il être dit de plus, que n'ont pas montré les résultats" ?

Ainsi, dans le cadre d'un mémoire de recherche, la discussion des résultats *se définit* comme le processus visant à donner une signification, un sens à l'information colligée par l'analyse des données.

Les objectifs d'une bonne discussion sont :

- Transmettre un message fort aux lecteurs potentiels. Plus la discussion est articulée et incisive, plus fort sera l'impact du message ;
- Produire une démonstration équilibrant points de vue de chercheurs reconnus et points de vue personnels ;

- Montrer les suites possibles des résultats significatifs de la recherche, tant au niveau théorique que pour la pratique professionnelle. D'importantes questions de recherche future peuvent émerger d'une discussion bien construite.

D'une manière générale et pratique, toute discussion s'organise selon un ordre logique qui va du résumé des résultats à leur interprétation et à leur implication pour le phénomène observé ; de leur intégration dans le contexte de la littérature sur le thème, au passage en revue des limites de l'étude et au dégagement de directions futures de recherche.

C'est une partie qui comporte cinq sous-parties :

- Le résumé des résultats significatifs ;
- L'interprétation des résultats significatifs ;
- Les implications des résultats ;
- Originalité et limites de la recherche ;
- Pistes futures de recherche.

En premier lieu, il s'agit de présenter un **résumé intégratif des résultats.** Ce résumé n'est pas la copie conforme de la section "résultats". Il reprend uniquement les conclusions du travail effectué, mais ne reprend en aucun cas, les données statistiques. Plus de chiffres ni de références statistiques dans la partie "discussion" du rapport de recherche !

Une façon pratique d'organiser le résumé des résultats est de placer ces derniers dans le contexte général des hypothèses développées et de montrer s'ils confirment ou infirment les hypothèses initiales. Il est utile de présenter les hypothèses dans leur l'ordre d'apparition dans la section "objectif de l'étude", car c'est une manière cohérente d'organiser leur présentation. Un tel ordonnancement conduira, de fait, à traiter la question du "pourquoi" ils (les résultats) se présentent de cette manière (convergente ou divergente).

Les résultats non significatifs ou très peu significatifs ne seront pas présentés. Tout fait nouveau ou analyse non mentionnés préalablement dans le chapitre "Résultats" sont exclus de ce sous-chapitre. Cette partie présente aussi les résultats "fortuits", c'est à dire ceux dont l'analyse, n'a pas été planifiée à l'origine, mais qui apparaissent significatifs. Souvent, ces "trouvailles" représentent une des parties les plus intéressantes de la discussion.

La deuxième partie de la discussion s'organise autour de **l'interprétation des résultats.** Il est capital, pour la crédibilité du travail, que l'interprétation reste près des résultats obtenus et ne développe pas des idées qui ne reposent pas sur les faits présentés dans le chapitre des résultats. L'interprétation des résultats est l'outil privilégié de la discussion.

Interpréter signifie : rendre compréhensible, traduire, donner un sens.

Dans le cadre d'un travail de recherche, interpréter signifie :

- Traduire les résultats chiffrés en un savoir psychologique utilisable. Il s'agit de les formuler dans une terminologie psychologique, en fonction de la problématique de recherche et en montrant comment ils contribuent à la compréhension du phénomène observé (mise en évidence d'une caractéristique nouvelle, existence de liens entre différents aspects, etc.).

- Expliquer leur signification psychologique en envisageant *différentes alternatives* ou différentes possibilités théoriques ou empiriques en les replaçant dans le cadre de la littérature scientifique déjà existante. Il s'agit de présenter la manière dont les résultats s'intègrent dans les études passées et les corroborent en confirmant des modèles théoriques déjà existants. Les résultats doivent en effet aussi être mis en perspective avec des recherches, qui les contredisent. Dans ce cas, l'apport des pistes expliquant la contradiction est nécessaire. Ces pistes peuvent être liées à la méthodologie utilisée par d'autres auteurs, à la découverte propre d'un nouvel indice conceptuel ou d'une dimension non observée jusqu'alors ou encore, à l'existence d'un artefact[3] inhérent au plan de recherche, etc.

---

3. Phénomène d'origine artificielle ou accidentelle apparu au cours d'une observation ou d'une expérience

La troisième partie de la discussion se réfère aux **implications des résultats de recherche.** Ce sous-chapitre, permet de pointer d'un point de vue théorique et pratique l'impact des résultats obtenus sur le phénomène observé.

D'un point de vue théorique, il s'agit de placer l'interprétation des résultats dans un contexte conceptuel plus large, et de discuter leur possible généralisation. Il s'agit, donc, d'extrapoler, lorsque c'est possible, l'adéquation des résultats à des situations différentes de celles analysées au cours de la recherche. Il est aussi possible d'élargir l'interprétation des résultats à des domaines d'intérêt proches de celui de la recherche.

D'un point de vue pratique, il s'agit d'envisager comment un professionnel de la santé, de l'éducation ou du travail pourrait utiliser les résultats sur le terrain. Dans ses interventions quotidiennes ou comme vecteur de changement des pratiques actuelles ?

Un cas de figure à part peut également se présenter : les hypothèses de départ ne sont ni confirmées empiriquement, ni vérifiées statistiquement. Dans ce contexte, le plan de la discussion est le même, mais il est utile de présenter d'abord ce qui a été réellement trouvé, puis de traiter le pourquoi de ce fait en s'appuyant sur les interrogations suivantes (Cone et Foster, 1998) :

- Est-ce un problème d'instrumentation ? Les outils utilisés se sont-ils avérés non adaptés ?
- Est-ce un problème d'échantillonnage, par exemple un biais s'est-il introduit en fonction de la taille ou de la composition de l'échantillon. A-t-il été la conséquence des données socio-démographiques ?
- Est-ce l'effet de l'interférence de facteurs non prévus mais actifs au cours de la recherche ? Si oui, ces facteurs ont-ils pu être mis en évidence ?

Si aucun de ces aspects n'est en cause et si rien n'explique que les hypothèses n'ont pu être vérifiées, la question posée par la recherche mérite d'être reconsidérée.

La quatrième partie de la discussion concerne les ***limites de la recherche.***

Dans ce sous-chapitre, il y a lieu d'être modeste sur ce qui a été réalisé, car une recherche ne peut se faire que sur un phénomène circonscrit dans le temps et dans l'espace. Tout d'abord, il s'agit de reconnaître que la recherche présentée n'est pas parfaite et d'examiner, d'une manière critique, ses points forts et ses limites.

Ce sous-chapitre a aussi pour but de montrer que les questions méthodologiques et conceptuelles ont été comprises et intégrées dans le système de pensée du chercheur.

Habituellement les limitations d'un travail de recherche proviennent de deux sources différentes (Cone et Foster, 1998) :

- De la conception même du protocole de recherche : choix des participants, des mesures etc. ;

- Des problèmes survenus au cours du recueil des données : échantillon plus petit que prévu, limitant la puissance statistique ; variables démographiques impossibles à contrôler ; utilisation d'un seul instrument de mesure (un auto-questionnaire comme seul indicateur d'un comportement donné) etc.

La discussion évalue la manière dont ces imperfections interfèrent avec la validité des résultats, au niveau de leur interprétation et/ou de leur possible généralisation.

La cinquième partie de la "Discussion" traite des ***directions de recherche futures :***

La recherche soulève toujours plus de questions qu'elle n'apporte de réponses (Cone et Foster, 1998). Tout travail de recherche se doit d'envisager des prolongements possibles, pour montrer ce qu'il y aurait à faire pour explorer plus à fond le sujet.

Pour aborder la question des perspectives nouvelles d'approfondissement, il est utile de se rappeler que la recherche porte sur des personnes, des problèmes ou des phénomènes. La question de l'extension de la méthodologie ou des résultats à ces différents objets de recherche devient, de ce fait, tout à fait légitime.

Pour Cone et Foster (1998) les questions suivantes favorisent, à l'issue d'un travail de recherche, l'émergence de nouvelles idées pour des prolongements futurs :

- Quelles sont les interrogations de toute sorte soulevées par la recherche déjà accomplie ?
- Quelles distinctions a-t-elle introduit au sein des populations étudiées ?
- Quel sont les besoins méthodologiques mis en évidence ?
- Quel intérêt théorique ou pratique y aurait-il à étendre le protocole de recherche à d'autres populations, etc. ?

En conclusion

- Le chapitre "Discussion" est le chapitre décisif du mémoire de recherche. Sa qualité dépend du traitement scrupuleux de ses parties et de l'utilisation d'un vocabulaire exact et adéquat. Elle dépend aussi de l'équilibre instauré entre les points de vue personnels et ceux d'autres auteurs.
- Enfin, l'interprétation des résultats se doit d'être honnête en évitant des partis pris pouvant servir les intérêts du chercheur.

Rédaction du mémoire de recherche

Je n'aime pas écrire, mais j'adore avoir écrit

ZINSSER

- Les étapes de la réalisation
- Présentation du manuscrit
- Présentation des références bibliographiques
- Considérations déontologiques

La rédaction du mémoire de recherche constitue la dernière étape du processus de recherche. C'est une étape cruciale, valorisante et stimulante.

- *Cruciale*, car sans écrit, sans transmission et sans partage des idées, les résultats d'un travail de recherche sont inexistants. Rendre compte par écrit de l'aboutissement d'un travail de recherche "consiste à concrétiser un savoir latent, ressenti, vécu en savoir exprimable et communicable" (Lani-Bayle, 1999). Rendre compte des résultats obtenus par la recherche requiert la mise en place d'une démarche rigoureuse sur le plan scientifique et honnête sur le plan intellectuel. Seul le respect de ces exigences permet au travail effectué de s'inscrire dans un corpus de connaissances scientifiques.
- *Valorisante* pour l'auteur-chercheur car la rédaction progressive le pousse à prendre conscience du travail déjà accompli.
- *Stimulante*, elle oblige l'auteur-chercheur à une forte mobilisation pour le travail qui reste encore à accomplir. Et lorsque le point final est mis sur la dernière page du mémoire, la sensation qui en découle est toujours agréable.

Pour certains, cependant, la phase de rédaction du mémoire de recherche déclenche l'action d'un système de croyances magiques qui interfèrent négativement avec le rapport à l'écriture. Sternberg (1991) repère bon nombre de stéréotypes de pensée tenaces, parmi lesquels ceux qui affirment que :

- l'écriture d'un mémoire c'est de la routine, c'est l'aspect le moins créatif de l'entreprise scientifique. Il demande beaucoup de temps, mais peu de créativité ;

- le principal objectif du mémoire est la présentation des faits. Ce qui est important dans un mémoire de recherche est ce qui est dit, et non pas la manière de le dire ; si le fond est intéressant, alors la qualité des phrases n'a pas d'importance.

Ces stéréotypes s'auto-entretiennent pour maintenir à distance le contact avec l'écriture et empêcher le démarrage du processus d'écriture.

De surcroît, penser que : "écrire c'est un art qui n'est pas donné à tout le monde, qui relève du génie ou encore qui s'effectue sans efforts", sont autant de pensées (opiniâtres, mais irrationnelles) qui bloquent le processus de l'écriture.

Analysant les raisons de l'installation de ce type de croyances, Peterson (1996) affirme que ce phénomène apparaît surtout parce que les futurs auteurs n'ont de l'écrit qu'une représentation mentale partielle, en termes de début et de fin, sans combler mentalement l'espace qui se trouve entre ces deux extrêmes. Le même auteur soutient l'idée selon laquelle, l'écriture d'un mémoire scientifique n'a rien de mystérieux. Une telle activité s'apprend, car elle s'inscrit dans un processus qui répond à des exigences précises et à des conventions connues. L'apprentissage de l'écriture se construit à travers l'assimilation d'une série de règles et se pratique à travers des actions répétitives, qui se déroulent dans le temps.

Rédiger un mémoire de recherche "dans un ordre voulu" sous-tend la référence à une série de règles d'écriture. Ces règles renvoient à l'organisation, à la structuration et à la présentation de ce qui doit être exprimé par écrit, selon des conventions admises dans la communauté scientifique de la discipline.

Les étapes de la réalisation

Pour Martine Lani-Bayle (1999), l'écriture vient en écrivant, à travers la pratique et la réécriture. Elle introduit ainsi l'idée que l'action d'écrire s'inscrit dans un processus permanent d'apprentissage et de transformation qui se déroule au sein d'une série d'étapes.

Les différentes étapes de l'écriture du mémoire de recherche.

- S'approprier véritablement le processus de l'écriture ;
- Fournir des "premiers jets d'idées organisées" ;
- Laisser "reposer" quelque temps les différentes versions ;
- Réécrire avec des objectifs de clarté, de précision, de cohérence et de présentation ;
- Solliciter l'aide éclairée d'autrui ;
- Et enfin décider que c'est fini !

La première étape, celle de *l'appropriation du processus de l'écriture*, n'en est pas véritablement une, car il s'agit d'une attitude profonde vis-à-vis de son propre travail, qui accompagne l'auteur-chercheur tout au long de sa tâche. Cette attitude se construit à partir de deux dynamiques internes : se sentir responsable et se sentir capable.

- *Se sentir responsable* conduit à prendre des mesures pour mener à terme son engagement, (le tutorat et l'apprentissage constituent de précieuses aides extérieures) ;
- *Se sentir capable* amène à croire en sa propre efficacité, (l'appui sur ses réussites passées et l'évocation des chemins pris pour y parvenir constituent de précieuses aides intérieures).

La conscience de la responsabilité et du sentiment d'efficacité personnelle participent à la modification du possible discours intérieur négativiste et obsédant : "je n'en verrai pas le bout car je n'y arriverai jamais !" en "de toute façon ça doit se terminer car j'ai surmonté des choses bien pires avant !"

La deuxième étape est celle du premier jet. *Le premier jet*, souvent connoté négativement, est, cependant, d'une importance capitale. C'est le signal de départ qui marque le lancement du processus d'écriture.

Son but initial est de permettre aux idées de se matérialiser sur le papier. L'auteur commence à se sentir responsable et croire en la faisabilité de son entreprise, tel est le bénéfice évident qui en découle.

Le premier jet s'organise autour du *plan général* qui garantit l'unité de sens. Selon Fragnière (1996) le plan a deux principales caractéristiques :

- il est explicite car il annonce le contenu de chacun des chapitres constituants ;
- il est détaillé car il rend compte de tout ce qui sera écrit. Chaque plan doit refléter l'ensemble du chapitre qu'il soutient et concourir à son intelligibilité (Lani-Bayle, 1999).

La clef de voûte d'un plan bien organisé est sa cohérence interne : les idées se construisent ou découlent les unes des autres. Ce plan sera utilisé pour structurer l'ensemble du travail de recherche en chapitres thématiques, ainsi que pour organiser chaque chapitre en sous chapitres.

En sciences humaines, et plus spécifiquement en psychologie, celui-ci est standardisé et comprend les parties suivantes :

- 1. L'introduction, la problématique et l'exposé de l'objectif de la recherche ;
- 2. La partie théorique composée de la revue de la littérature sur le thème ;
- 3. La partie méthodologique incluant la présentation de la population, de la méthode retenue, du déroulement pratique de l'étude, des considérations déontologiques et des statistiques utilisées ;
- 4. La partie qui présente les résultats de la recherche ;
- 5. La partie de discussion des résultats et de conclusion

Différentes techniques sont possibles pour l'obtention d'un premier jet, mais pour éviter les blocages et le découragement, certains auteurs (Peterson, 1996) recommandent de commencer l'écriture par le chapitre qui apparaît comme étant le plus facile (la méthodologie, les résultats, par exemple).

La troisième étape est celle du *repos*. Avant de retravailler un texte, il est utile de le "laisser reposer" 24 ou 48 heures. Ce laps de temps permet de l'aborder, par la suite, avec plus d'objectivité pour envisager les remaniements utiles et nécessaires.

La quatrième étape est celle de la *réécriture*. L'écriture d'un mémoire de recherche nécessite d'être remaniée au cours de plusieurs versions. Ces révisions permettent que la pensée de l'auteur s'affine et se réorganise.

L'objectif du travail de réécriture est d'aboutir à un produit final intéressant, pertinent, informatif et convaincant. Il doit donc, porter sur des remaniements adéquats. Pour atteindre cet objectif, Sternberg (1991) propose d'être très vigilant sur les éléments suivants :

- L'écrit doit intéresser, informer, convaincre, ce qui s'obtient en triant et structurant les informations. D'où la nécessité d'évaluer la logique des plans, sous-chapitres, etc. ;

- L'écrit s'adresse à un lecteur compétent, pour lequel il est utile de choisir le vocabulaire "technique" approprié et la phraséologie adéquate. Une terminologie appropriée doit être utilisée et la définition exacte de chaque concept cité sera vérifiée. N'oublions pas l'anecdote de cet étudiant qui voulant décrire, dans son mémoire de recherche, une série de facteurs prédictifs, utilisa à plusieurs reprises le terme "prédicateur" ! Des mots simples et précis augmentent la communication avec le lecteur ;

- L'écrit doit s'adapter à la structure cognitive du lecteur, d'où l'importance de l'utilisation d'un style clair qui élimine les redondances, les digressions et les qualificatifs superflus. Les redondances traduisent une forme de rigidité ; les digressions entravent la cohérence du texte ; les qualificatifs superflus sont "quelque part et un petit peu insupportables" ; ils alourdissent la lisibilité de l'écrit.

- L'écrit doit convaincre, d'où la nécessité d'utiliser, en dehors des arguments théoriques, des exemples concrets qui permettent de maintenir l'attention du lecteur et favorisent la représentation mentale ;

- L'écrit doit intéresser, d'où l'utilité d'insérer dans le texte, des résumés intermédiaires et des paragraphes de transition qui accompagnent et balisent la voie des idées directrices ou qui en partant du développement d'une idée, permettent l'introduction d'une idée nouvelle ;

- L'écrit doit informer, d'où l'intérêt d'équilibrer les parties correspondant aux considérations émanant d'autres auteurs avec les parties qui présentent des points de vue propres. De surcroît, de trop longues citations, par exemples, véhiculent le message latent d'une incompréhension du sujet traité, camouflée par les paroles d'autrui.

La réécriture porte aussi sur les remaniements des différentes parties de chacun des chapitres. Pour Lani-Bayle (1999) l'écrit doit être équilibré, d'où la nécessité de distribuer harmonieusement en nombre et en volume, les unes par rapport aux autres, les parties de chaque plan. Les subdivisions doivent être explicites et homogènes, ni trop longues ni trop courtes. Chacune doit être identifiable et située à la place qui lui revient selon la logique d'exposition retenue.

D'un point de vue pratique, l'auteur-chercheur dispose de différentes techniques qui contribuent à parfaire son texte, en augmentant sa cohérence interne et son d'intérêt. En voici quelques-unes répertoriées par Parrot III (1999) :

- Utiliser le "couper coller" pour augmenter la consistance et la lisibilité du texte. Placé différemment dans le texte, un paragraphe peut prendre plus de relief ;

- Ne pas hésiter à faire plusieurs "sorties papier", ne jamais se satisfaire d'un texte lu uniquement sur écran ;

- Utiliser la lecture à haute voix pour dépister des erreurs de grammaire, d'accords, des incohérences de pensée et des redondances. Des mots tels que "nous avons déjà montré et nous montrerons" aident à écrire, mais cassent l'harmonie du texte ;

- Limiter la longueur des phrases ;

- Vérifier l'orthographe et la grammaire tout au long du processus de réécriture.

- Tenir compte des avis formulés par des lecteurs extérieurs tels que professeurs ou collègues. Etant justement "à l'extérieur" du texte, ils ont souvent une vision objective et désintéressée de l'écrit ;

- Les phrases simples évitent des fautes d'orthographe et d'accord.

- Employer la voix active : c'est plus lisible ;

- Utiliser des constructions affirmatives plutôt que des constructions négatives. Clark et Chase (1972), cités par Sternberg, ont démontré que les affirmations sont plus faciles à comprendre que les négations.

La quatrième étape est celle de la *confrontation de l'écrit à des avis extérieurs.*

Pour Leong et Austin (1996), écrire n'est pas une activité solitaire, malgré les stéréotypes populaires qui circulent à ce sujet. Impliquer des personnes extérieures dans les phases de la réécriture, est un facteur supplémentaire de réussite. Cependant, tous les commentaires ne sont pas bons à prendre ; c'est pourquoi, Leong et Austin, conseillent vivement aux auteurs de formuler clairement à leurs critiques potentiels les questions qu'ils se posent à propos de leur manuscrit. La clarté et la spécificité de la question augmente la pertinence du commentaire.

Après avoir évolué au cours de ces différentes phases, le résultat final devrait être un produit impeccable et parfait, qui se présenterait sur la forme d'un rapport : clair, précis, non-ambigu, cohérent, et logique. C'est donc le moment de débuter la *cinquième étape* en décidant que *c'est terminé !* Cette décision se prononce lorsque l'auteur-chercheur (et son directeur) estiment que les critères d'information, de pertinence, de clarté et de cohérence du texte ont suffisamment été pris en compte.

Cette décision se fonde aussi sur l'expérience selon laquelle n'y pas de "meilleure méthode" ni "organisation parfaite".

Présentation du manuscrit

La présentation du manuscrit de recherche obéit aussi à des règles communément admises. Ces règles sont issues d'une concertation régulièrement renouvelée entre les experts de la discipline (Sociétés Savantes, Universités, etc.), au niveau national et international. La standardisation de présentation des manuscrits en psychologie recherche l'uniformité du style éditorial pour, d'une part, en privilégier le contenu et pour, d'autre part, rendre ces textes accessibles et familiers à un vaste lectorat provenant des différents domaines de la psychologie.

L'objectif de ce chapitre est de :

- Présenter l'ensemble des règles qui régissent la présentation d'un manuscrit de recherche en psychologie ;
- Montrer comment l'application de ces règles contribue à augmenter la communication avec le lecteur.

Définition : Au sens littéral du terme, présenter signifie faire connaître ; mettre en valeur.

Mettre en valeur un mémoire de recherche oblige l'auteur à respecter scrupuleusement les règles de ponctuation, de grammaire et d'orthographe, ainsi que les règles de présentation des références bibliographiques.

La mise en valeur du manuscrit commence par la standardisation du *format*.

Habituellement celui-ci est tapé sur une feuille de papier 21x29,7, caractères 12 ou 14, en double interligne avec des marges 2,5. Les pages sont numérotées.

Les règles de ponctuation

La ponctuation est capitale. Bien utilisée, elle facilite la fluidité et la compréhension du texte. C'est pourquoi un rappel des règles élémentaires est fait dans les pages qui suivent.

Définition : la ponctuation est l'ensemble des signes qui, dans l'écriture, servent à marquer les séparations entre les différentes phrases d'un texte, entre les parties principales de chaque phrase et, par conséquent, les pauses et les arrêts indispensables au lecteur.

Le point s'utilise pour :

- indiquer la fin d'une phrase. Il colle au mot. L'espace n'intervient qu'après.

La virgule s'utilise pour :

- séparer une série de mots qui se suivent (ex : *des livres grands, petits, lourds et poussiéreux trônaient sur les étagères de la bibliothèque*) ;
- séparer une série de phrases qui se suivent, et qui sont séparées par une conjonction (ex : *elle prit les livres de psychologie de l'étagère poussiéreuse, et les rangea soigneusement sur sa table de travail.*) ;
- avant et après une clause non restrictive (ex : *l'ensemble des ouvrages anciens, et plus particulièrement ceux sur le travail bien fait, lui venaient de son père*).
- La virgule colle au mot. L'espace n'intervient qu'après.

Le point virgule s'utilise pour :

- séparer deux phrases indépendantes, non reliées par une conjonction (ex : *La jeune femme commença à prendre des notes ; elle se laissa surprendre par le plaisir qu'elle éprouvait à effectuer cette tâche.*)
- séparer des expressions ou idées qui contiennent déjà des virgules (*ex : les différentes thématiques qu'elle envisageait d'étudier étaient en liaison avec l'échec scolaire, la dysorthographie, la phobie scolaire ; la féminité, l'image de soi, les conduites alimentaires ; l'accomplissement des aspirations, les représentations et les motivations à la recherche scientifique en psychologie.*)

Le point virgule ne colle pas au mot ; son utilisation nécessite de laisser un espace avant et après.

Les deux points s'utilisent pour :

- introduire une énumération (*ex. Elle se prit à revoir ses meilleurs alliés internes dans cette entreprise : la curiosité, le plaisir de réussir, et l'esprit critique.*) ;

- introduire une citation *(ex. elle se sentait découragée car ses doigts n'arrivaient pas à écrire. Soudain cette phrase célèbre lui traversa l'esprit : "penser ne suffit pas : il faut penser à quelque chose". (Jules Renard, Journal.)*

Les deux points ne collent pas au mot ; leur utilisation nécessite de laisser un espace avant et après.

Le point d'interrogation marque à la fin des phrases interrogatives : *Qu'as-tu fait de ton temps ?*

Le point d'interrogation ne colle pas au mot. Son utilisation nécessite de laisser un espace avant et après.

Le point d'exclamation marque la fin des phrases exclamatives. Ex. : *Encore une phrase exclamative dans ce mémoire ! C'en est trop !*

Le point d'exclamation ne colle pas au mot. Son utilisation nécessite de laisser un espace avant et après.

Les points de suspension marquent la volonté de ne pas achever une phrase. Ils se placent après le dernier mot de la phrase inachevée. *Ex. : la jeune femme regarda la pile de documents entassée devant elle : "si je ne me retenais pas, je"...*

Le trait d'union s'utilise pour

- réunir des noms et des adjectifs composés . *Ex. : porte-plume ;*

- réunir deux noms placés en apposition. *Ex. : psychologue – auteur, enseignant-chercheur ;*

- exprimer les nombres composés inférieurs à cent. *Ex. : quatre-vingt-dix-neuf ;*

- avec des mots tels que : *attaque, contre, même, ci, là, peut-être.*

Ex. : ne te laisse pas abattre ! contre-attaque et ce travail-là ne te résistera plus !

- avec les verbes interrogatifs et le pronom placé derrière. Ex. : *le finirai-je un jour ?*

- avec en et y placés derrière un verbe : *allez-y* ;

- avec le t euphonique placé entre le verbe et le sujet inversé : *m'aidera-t-il.*

Le tiret s'utilise pour :

- signifier l'interruption de la continuité d'une phrase, pour attirer l'attention sur un détail. *Ex. : se lamenter sur son sort – conduite rarement appréciée – n'apporte jamais la paix.*

- pour séparer les phrases d'un dialogue. *Ex. : "que fais-tu ? – Je râle. – Pourquoi râles-tu ? – je dois finir mon mémoire de recherche."*

Les parenthèses s'utilisent pour :

- insérer dans la phrase un segment explicatif du texte nettement différent du reste de l'écrit. *Ex. : la présentation de la bibliographie (selon les normes APA) est très importante dans la transmission du savoir psychologique.*

- Renvoyer à des figures et des tableaux. Ex. : (voir Figure I).

- Insérer les dates des références citées dans le texte. *Ex. : Avant d'organiser la bibliographie du travail de recherche en psychologie, on doit connaître les recommandations de l'APA (1994).*

- Insérer l'abréviation des mots préalablement cités dans le texte. Ex. : le diabète insulino-dépendant (DID) est une maladie chronique.

- Insérer le numéro de page d'une citation utilisée dans le texte. Ex. : Le test de Rorschach semble utilisable dans le cadre de cette expérimentation, car il est dit dans le manuel que "l'administration du Rorschach est une procédure simple"(p. 3)

Les crochets s'utilisent pour :

- insérer, dans une citation, un matériel qui n'appartient pas à l'auteur de la citation. Ex. : avant de partir, ce patient, nous regarda dans les yeux et nous dit : *"Ce travail [examen psychologique] me fut très bénéfique".*

- Pour insérer dans une parenthèse un matériel entre parenthèse. *Ex. : (la population [voir chapitre méthodologie] était dans son grand ensemble consentante).*

Les guillemets s'utilisent pour encadrer une citation *: "la notion de mémoire renvoie à plusieurs réalités distinctes" (Fragnière, 1996).*

Les règles d'orthographe

Définition : Ensemble de règles et d'usages qui régissent la manière d'écrire les mots dans une langue donnée.

Les erreurs d'orthographe et d'accord sont très fréquentes. Un texte parfaitement présenté ne doit contenir aucune faute d'orthographe. Un soin particulier doit être apporté à l'orthographe des noms propres. C'est une preuve de respect vis-à-vis des auteurs cités.

Les règles de grammaire

Définition : ensemble des règles phonétiques, morphologiques et syntaxiques, écrites et orales d'une langue.

Les accords :

- les noms, les pronoms et les verbes apparaissent dans le texte au singulier ou au pluriel. Si le groupe nominal est au singulier, alors le verbe doit être au singulier. *Exemple d'erreurs à éviter : le <u>participant</u>, dûment informé, des étapes de l'expérimentation, <u>avaient</u> accepté de collaborer à cette recherche.*

- Le pronom remplace habituellement un nom ou groupe nominal. Si le groupe nominal apparaît dans le texte au singulier, le pronom qui le remplace doit également figurer au singulier. *Exemple d'erreur à éviter : <u>L'étudiant</u> en psychologie est tenu de présenter un mémoire qualifiant. <u>Ils</u> envisagent cette tâche avec beaucoup d'appréhension (injustifiée !).*

Les temps des verbes :

L'APA (1994) recommande l'application des règles suivantes pour un emploi correct du temps des verbes :

- l'utilisation du passé pour :
  * *la revue de la littérature* (ex. : Freud, découvrait en... ; les travaux de Mises, (1975), montraient que) ;
  * *la description du chapitre "déroulement de l'étude"* (ex. : les participants passaient un bilan psychologique composé de).
- l'utilisation du présent pour *:*
  * *le chapitre "discussion des résultats"* (ex. : les résultats montrent que ; une explication possible est..) ; ou (ex. : ce travail nous oriente vers plusieurs pistes de réflexion théorique).

La place des adverbes et des adjectifs dans une phrase est très importante car l'emplacement choisi contribue à la diminution ou à l'augmentation de l'ambiguïté. La confusion peut être nettement réduite par l'insertion de l'adjectif ou de l'adverbe au plus près du mot qu'il est censé modifier. *Exemple d'erreur à éviter* : *Intérêt pour l'attribution de la possibilité à prescrire des médicaments psychotropes aux psychologues cliniciens.*

Il est d'usage d'écrire le mémoire de recherche à la première personne du pluriel.

L'usage des éléments typographiques

Le choix de la typographie doit être uniformisé au cours du texte.

Les italiques s'utilisent dans un texte pour souligner des mots ou des symboles dans les cas suivants :

- Pour distinguer les paroles d'auteurs ;
- Pour distinguer les mots d'origine étrangère. Ex. : les mécanismes de *coping* ;
- Pour utiliser certaines abréviations courantes telles que *op. cit.* ou *ibid. ;*

- Pour souligner certains mots particuliers ou certains concepts. Ex. : l'interprétation des données sera faite selon les principes de la *phénoménologie ;*

- Pour présenter le titre des ouvrages, revues ou périodiques, dans la liste des références bibliographiques. Ex. : *Pratiques Psychologiques ;*

- Pour présenter le numéro du volume d'une publication. Ex. :

Brenot, Ph. (1998). Les grands rapports sur la sexualité humaine. *Pratiques Psychologiques*, *2*, 25-37.

- Pour exprimer par des lettres des symboles statistiques. Ex. : Il y a une différence significative entre les enfants porteurs de diabète insulino-dépendant (DID) et les contrôles, $t(32) = 0.11$, $p > .001$.

***La police "gras" s'utilise pour** :* la présentation des titres ou sous-titres. Il n'est pas recommandé de l'utiliser dans le corps du texte, car cette police peut exagérément mettre l'accent sur certaines parties du texte au détriment des autres.

Les encadrés s'utilisent pour attirer l'attention sur des titres, des résumés ou des tableaux

Les citations

La plupart des mémoires de recherche contiennent des citations d'ouvrages ou de documents. Celles-ci peuvent être classées en deux types (Fragnière, 1996) :

- celles qui servent de base à une interprétation ou à une analyse critique ;
- celles qui visent à étayer un point de vue, voire à démontrer une affirmation.

D'un point de vue pratique, l'utilisation des citations obéit, elle aussi, à certaines règles :

- pour chaque citation il convient de citer l'auteur ainsi que l'année de la publication ;

- les citations sont reproduites avec fidélité et ne souffrent aucune modification de terminologie ou de ponctuation ;

- les citations doivent être suffisamment nombreuses pour nourrir l'écrit, mais en aucun cas, elles ne peuvent se substituer à la parole de l'auteur ;

- au niveau de la présentation, lorsqu'une citation est courte (quelques lignes), elle apparaît dans le texte entre des guillemets. Lorsqu'elle est plus longue (un paragraphe, voire plus), il est recommandé de la décaler vers l'intérieur de la page, en laissant une marge plus importante à gauche et d'utiliser un caractère de type italique.

Les notes, utilisées avec parcimonie, sont numérotées en continu. Elles sont placées en bas de page. Elles sont indiquées dans le texte par un chiffre arabe.

Il existe différents types de notes (Sternberg, 1998).

- de contenus : visant à éclairer un aspect du texte ;

- de référence : indiquant une référence légale, ou l'obtention d'une autorisation, ou l'obtention d'un agrément de reproduction .

Les abréviations

Sont utilisées avec parcimonie. Elles s'utilisent essentiellement :

- pour les sigles connus, QI, par exemple.

- pour des termes apparaissant fréquemment dans la littérature de spécialité. Chaque abréviation doit être expliquée lors de sa première apparition dans le texte. Cette abréviation sera placée entre parenthèses après la première occurrence de ce terme. Par exemple : "le temps de réaction (RT) a été mesuré...

Les remerciements

Les remerciements figurent habituellement au début du mémoire de recherche et s'adressent à toute personne, spécialiste, proche ou ami, ayant contribué à la préparation ou à la rédaction du mémoire de recherche.

La règle d'or qui régit l'utilisation des remerciements est la sobriété et la concision. Habituellement, ces protagonistes sont spécifiquement remerciés pour ce qu'ils ont effectivement fait, et non pas pour leur caractère agréable, leur degré de proximité avec l'auteur ou leur position sociale.

Présentation des références bibliographiques

Le Manuel de Publication de l'American Psychological Association (APA) (1994) distingue entre la liste des références bibliographiques et la bibliographie.

Définitions :

- *Une liste des références bibliographiques* comprend tous les documents publiés (livres, articles, rapports, textes de loi, etc.) cités dans le mémoire de recherche et en rapport avec un sujet donné. Elle fournit l'information nécessaire pour l'identification de chacune des sources mentionnées.
- *Une bibliographie* est un document qui présente des ouvrages fondamentaux ou qui apporte des indications pour des lectures futures.

Il est donc correct d'user de l'appellation "références bibliographiques" dans la présentation des sources utilisées dans le mémoire de recherche.

D'une manière générale, les références bibliographiques apparaissent à deux reprises dans le mémoire de recherche. A l'intérieur du texte lui-même, sous forme de présentation succincte de la source et, à la fin du travail, sous la forme d'une liste exhaustive et complète comportant toutes les indications nécessaires à l'identification de la source. La liste des références bibliographiques figurant à la fin d'un travail de recherche est une partie importante du travail lui-même, car elle constitue un réservoir appréciable d'information. En ce sens, elle devient un document de travail. De ce fait, le chercheur doit veiller à ce qu'elle soit :

- complète : en faisant figurer toutes les informations requises : noms des auteurs, titre, date de publication, coordonnées de la publication, etc. ;
- correcte : en apportant une attention particulière à l'orthographe du nom des auteurs et des mots provenant d'une langue étrangère.

Les auteurs –chercheurs sont responsables de l'information fournie dans une liste de référence bibliographique. Une bibliographie préparée avec rigueur et précision permet de renforcer la crédibilité de l'auteur en tant que chercheur.

A l'heure actuelle, il existe différents systèmes de présentation des références bibliographiques.

Le choix du système s'effectue en fonction des règles adoptées par l'université ou l'institution de rattachement ainsi qu'en fonction de la discipline.

Une étude des différentes publications françaises, dans le domaine des sciences médicales et psychologiques, fait apparaître 3 grands types de présentation, qui varient, surtout, selon les disciplines :

- le système : auteur-date de "American Psychological Association (APA,1994)" ;
- le système : "Convention de Vancouver" ;
- le système : "Ordre alphabétique des auteurs, numéroté".

Le système "APA"

a) Les **références dans le texte** comporteront le (ou les) nom(s) des auteurs suivi(s) de la date de la publication.

Exemple : Dupont, J., et Smith, B (1991). Lorsque la référence contient plus de deux auteurs, sa première mention dans le texte comportera le nom de tous les auteurs ; par la suite, on se contentera d'indiquer le nom du premier auteur suivi de "et al." (pour *et alteri*). Exemple : Berger, Audiard et Mac (1964) ; puis Berger et al. (1964).

b) La liste des références bibliographies sera présentée selon l'ordre alphabétique des auteurs en respectant les normes suivantes :

Pour un article :

Nom, virgule, initiales des prénoms suivies de points. Date de parution entre parenthèses. Point. Titre de l'article. Point. Titre de la revue écrit en entier, sans abréviations (en italiques). Virgule. Numéro du volume (en italiques). Virgule. Pages de début et de fin de l'article.

soit :

Dupond, P.-J., Smith, H.-J. (1991). Choice behavior in multiple tasks. *Journal of Psychology, 45*, 145-152.

Pour un chapitre d'ouvrage :

Nom de l'auteur, virgule, initiales des prénoms suivies de points. Date de parution entre parenthèses. Point. Titre du chapitre. Point suivi de "In.". Nom du directeur (ou des directeurs) responsable(s) de l'ouvrage (Editor en anglais) précédés des initiales des prénoms. Nom de l'ouvrage en italiques. Ville dans laquelle il a été publié. Deux points. Nom de la maison d'édition. Point. Pages de début et de fin du chapitre.

soit :

Durand, G. (1955). *Information theory and categorisation.* In P. Zwiskovsky (Ed.) Applications of Information Theory in Different Sciences. New York : Plenum Publishers, pp. 256-284

Pour un ouvrage :

Nom de l'auteur, virgule, initiales des prénoms suivies de points. Date de parution entre parenthèses. Point. Titre de l'ouvrage en italiques ou caractères gras. Ville dans laquelle il a été publié. Deux points. Nom de la maison d'édition. Point.

soit :

David, I. (1948). *Le développement de l'intelligence.* Paris : Dunod.

Le système "convention de Vancouver"

a) **les références dans le texte** sont limitées aux auteurs cités, et doivent être numérotées par ordre d'apparition dans le texte. Leur numéro d'appel doit figurer dans le texte entre crochets, séparés par des tirets quand il s'agit de références consé cutives, par exemple : [1-4], et par des virgules quand il s'agit de références non consécutives : [5, 7, 12].

Pour un article :

Noms des auteurs, suivi des initiales des prénoms en majuscule ; Point. Titre intégral dans la langue de publication ; Point. Titre de la revue, abrégé selon les normes internationales en italique ; Point. Année de parution, éventuellement série ; Point virgule. Volume en caractère gras; deux points. Numéros des premières et dernières pages.

Soit :

5 Dunn S, Turtle J. The myth of the diabetic personality. *Diabetes Care*. 1981,**6** :640-646.

Pour un ouvrage

Nom des auteurs, suivi des initiales des prénoms en majuscules ; point. Titre dans la langue de publication en italique ; point. Ville ; Deux points. Nom de l'éditeur ; virgule. Année de parution ; Deux points. Nombre de pages.

Soit :

22 Eisen HN. *Immunology : an introduction to molecular and cellular principles of the immune response*. 5th ed. New York : Harper and Row, 1974 : 400.

Pour un chapitre d'ouvrage

Nom des auteurs, suivi des initiales des prénoms en majuscules ; titre dans la langue de publication ; Point. In. Deux points. Nom des auteurs (éditeurs), suivi des initiales des prénoms en majuscules. Virgule. suivi de eds. Titre dans la langue de publication en italique. Point ; ville ; nom de l'éditeur ; année de parution. Deux points. Numéros des premières et dernières pages du chapitre .

Soit :

5 Weinstein L, Swartz MN. Pathogenic properties of invading microorganisms. In : Sodeman WAJr., Sodeman WA, eds. *Pathologic physiology : mechanisms of disease*. Philadelphie : WB Saunders, 1974 : 457-72.

Le système ordre alphabétique des auteurs, numéroté :

a) les références dans le texte sont limitées aux auteurs cités, et doivent être numérotées dans le texte. Leurs numéros d'appel doivent figurer dans le texte entre parenthèses, séparés par des tirets quand il s'agit de références consécutives, par exemple : (1 - 4), et par des virgules quand il s'agit de références non consécutives : (5, 7, 12).

b) Pour un article :

Noms des auteurs, suivi des initiales des prénoms en majuscule ; Point. Deux points. Titre intégral dans la langue de publication ; Point. Titre de la revue, abrégé selon les normes internationales en italique ; Virgule. Année de parution, éventuellement série ; Point virgule. Volume en italique ; deux points. Numéros des premières et dernières pages.

Soit :

12. Funck-Brentano C. : Difficultés d'application des lois encadrant la recherche clinique en France. *La Lettre du Pharmacologue*, 1998 ; *12* : 33-39.

Pour un ouvrage

Noms des auteurs, suivi des initiales des prénoms en majuscule ; Point. Deux points. Titre intégral dans la langue de publication ; Point. Nom de l'éditeur en italique ; Virgule. Ville ; Virgule. Année de parution, ; virgule.. Nombre de pages.

Soit :

13. Liberman R.P. : Réhabilitation psychiatrique des malades mentaux chroniques. *Masson*, Paris, 1991, 274p.

Pour un chapitre d'ouvrage

Nom des auteurs, suivi des initiales des prénoms en majuscules ; Point. Deux points. Titre dans la langue de publication ; Point. In en italique. Guillemets. Nom des auteurs (éditeurs), suivi des initiales des prénoms en majuscules. suivis de eds. entre parenthèses. Deux points. Titre dans la langue de publication. Guillemets. Point ; Nom de l'éditeur en italique ; virgule. Ville. Virgule. Année de parution. Virgule.

Numéros des premières et dernières pages du chapitre.

Soit :

4. Hirsch S.R. : Influence of social experience and environment on the course of schizophrenia. In "Hirsch S.R. , Bradley P.B. (eds) : The Psychopharmacology and Treatment of Schizophrenia". *Oxford University Press*, London, 1986, 200-212.

La liste des références bibliographiques peut également s'organiser par un classement en catégories de documents, en fonction des caractéristiques formelles des textes : livres, articles, rapports, textes de lois, etc. A l'intérieur de ce classement, celle-ci est ordonnée selon le système de présentation choisi.

Considérations déontologiques

Dans la rédaction du mémoire de recherche, une attention particulière doit être portée aux possibles transgressions déontologiques. Une des principales formes que peut prendre le manquement à la déontologie est le plagiat. Selon le Petit Larousse, le plagiat est défini comme "le pillage des ouvrages d'autrui, en donnant pour siennes les parties copiées."

Il existe deux types de plagiat (Walvoord, 1982) :

- Le plagiat direct : l'appropriation, par la citation mot à mot, du travail d'un auteur sans lui en accorder le crédit ;
- Le plagiat indirect : l'appropriation, par la paraphrase, des idées originales d'un auteur sans lui attribuer le mérite. Cet aspect concerne également la présentation des tableaux, figures, graphiques, etc.

Cet écueil est facilement remédiable. Dans le premier cas, il suffit d'utiliser des guillemets pour citer les travaux d'un auteur ; dans le deuxième, il suffit d'indiquer, selon les conventions en vigueur, la source de la paraphrase.

Le plagiat peut avoir des conséquences graves ; il peut invalider l'ensemble d'un travail de recherche et discréditer à long terme son auteur.

La rédaction du mémoire de recherche engage pleinement, et à tous les niveaux, la responsabilité de son auteur. Sur le fond, toute erreur découverte après le dépôt du mémoire de recherche doit être rendue publique d'abord par écrit, au moyen d'un document rectificatif adressé aux membres du jury, puis oralement lors de la soutenance. De cette manière, l'auteur indique son adhésion au code de déontologie et affirme sa probité scientifique. Sur la forme, l'auteur est l'ultime responsable de la présentation matérielle de son écrit dans tous ses aspects formels : ponctuation, orthographe, grammaire, numérotation des pages, qualité typographique, présentation des références bibliographiques, etc. Une présentation impeccable suscite des attitudes positives, alors qu'une présentation négligente dévalorise souvent le contenu.

La qualité de la présentation est un indicateur infaillible de rigueur et de professionnalisme.

En conclusion :

- Rédiger signifie "exprimer par écrit, dans l'ordre voulu et selon une forme donnée" ;
- La rédaction d'un mémoire de recherche a une double fonction : celle de permettre la transmission d'un savoir et celle d'inscrire l'auteur dans un processus professionnalisant ;
- Rédiger est un exercice qui s'apprend par l'appropriation aussi bien que par l'application d'une série de conventions et qui se pratique au cours d'étapes bien définies ;
- Rédiger débute avec le travail d'écriture du projet de recherche ;
- Rédiger n'est pas une activité solitaire ;
- Enfin, la différence entre un mémoire bien rédigé et un mémoire médiocre tient au temps et à la peine qu'on se donne après le premier brouillon (Dixon et al. 1987, cité par Angers, 1996).

Pour terminer ce livre et commencer le mémoire

- La gestion du temps
- L'évaluation du mémoire de recherche
- Les implications du mémoire de recherche

La gestion du temps

Allegro ma non tropo

La brève enquête (ibid) menée auprès d'étudiants engagés dans le processus de recherche a mis en évidence l'existence d'une forte inquiétude liée à l'utilisation du temps imparti pour la réalisation du mémoire. Le temps disponible apparaît à la fois comme trop court et comme trop long, suscitant simultanément appréhension et soulagement. Au niveau comportemental, l'appréhension engendre assez souvent des conduites d'évitement. L'observation montre que l'étape qui favorise ou qui renforce les possibles comportements d'évitement est, habituellement, celle de la rédaction.

Cone et Foster (1998) estiment que l'anxiété, légitime, provoquée par l'enjeu du mémoire, est entretenue par un discours intérieur dysfonctionnel, qui se manifeste sous la forme de pensées automatiques, parmi lesquelles :

"Je ne sais pas par quel bout commencer ! Il y a trop à faire" ! Ce type de phrase repose sur l'idée (fausse) que l'objectif à atteindre et de tout faire d'un trait et déclenche un sentiment de débordement et de tension qui s'apaise dans l'évitement ;

"Je n'ai pas assez de temps pour m'y mettre" sous tend l'idée (fausse) que le travail ne peut être efficace que lorsque d'énormes plages horaires sont disponibles ;

"Je n'ai pas encore tout lu, tout compris, tout évalué". Cette pensée (fausse) suppose que le travail fourni ne peut être repris et que donc, il doit incarner la perfection. Elle s'appuie sur une attitude perfectionniste qui se manifeste par l'atermoiement et l'indécision.

Ces pensées constituent de puissants "ennemis intérieurs" qui s'opposent aux aspirations du jeune chercheur et qui freinent l'accès à l'autonomie professionnelle.

Mais, il est tout à fait possible de les vaincre, en acceptant d'abord de les identifier, puis de puiser dans ses ressources personnelles et dans les ressources offertes par l'entourage.

Utiliser ses ***ressources personnelles*** repose sur un véritable processus de prise de décision. Il s'agit de décider de :

- *Fragmenter ses objectifs*, pour les rendre réalisables. Au lieu d'espérer de tout réaliser d'un coup, il s'agit de formuler des objectifs réalistes, comme par exemple : lire un article par jour, taper la liste des références bibliographiques au cours d'une après-midi, rédiger une partie du chapitre "Discussion", dans le courant d'une semaine etc. L'intérêt de cette stratégie est de briser le cercle vicieux de l'évitement et de la culpabilité pour se confronter à une situation assurée de réussite qui permet de remobiliser l'énergie nécessaire à la poursuite du projet dans son ensemble.

- *Dégager des plages horaires* adaptées à son propre rythme de travail et à son propre degré de résistance. Deux à trois heures libérées à des intervalles réguliers peuvent porter, sereinement, nombre de projets vers leur forme définitive.

- *Faire*, puis de *refaire*. Cette décision défend l'idée selon laquelle tout travail commencé n'a pas un caractère définitif ; il peut donc, être remanié. C'est un moyen efficace pour surmonter l'indécision.

- *Appliquer le principe de Premak*, qui a ses fondements dans la théorie du renforcement positif. Il s'agit de renforcer un comportement à faible probabilité d'apparition en le faisant précéder par un comportement à haute probabilité d'apparition. C'est le fondement comportemental de la maxime bien connue : "d'abord le travail, puis le plaisir" (Cone et Foster,1998). Il s'agit donc, de prévoir des activités agréables qui suivraient et qui récompenseraient le temps passé à travailler le mémoire de recherche.

Les ressources extérieures

Les directeurs de mémoire constituent de précieuses aides dans la lutte contre ces idées préconçues et leurs corollaires émotionnels. En effet, ils peuvent, en accord avec le jeune chercheur, fixer un calendrier de "dates limites", qui structure le temps et fractionne les objectifs en tâches réalisables et donc potentiellement satisfaisantes.

En conclusion, la pratique du mémoire de recherche est une démarche qui demande du temps.

Tenir l'échéance fait partie de l'objectif du mémoire de recherche. Et l'intérêt de toute recherche est d'avoir été faite à temps.

Le temps est une donnée gérable lorsqu'elle est apprivoisée et contrôlée. L'expérience montre que tout jeune chercheur arrive à finir son mémoire de recherche au prix d'un effort plus ou moins important.

L'évaluation du mémoire

"Comment mon travail va-t-il être apprécié ?" C'est une question qui revient sans cesse à l'esprit du jeune chercheur lorsque le mémoire de recherche est imprimé, broché, et déposé, lorsque rien ne peut plus être modifié. La réponse est simple. Celui-ci sera expertisé selon des critères scientifiques, ceux là mêmes que le jeune chercheur a utilisé pour étudier les apports des autres auteurs.

D'une manière générale, le mémoire de recherche est évalué sur la forme et sur le fond.

- ***Sur la forme***

Il s'agit d'apprécier l'aspect général du texte, l'orthographe, la ponctuation, la grammaire, l'utilisation des citations et la présentation de la bibliographie.

• ***Sur le fond***

Pour Angers (1996), on évalue d'abord la *clarté* du rapport. Un mémoire clair suppose que le sujet est maîtrisé et qu'il est transmis de manière intelligible. Puis on s'assure de la *cohérence* du rapport. La cohérence se manifeste dans le fait qu'il n'y a pas de contradictions, de répétitions ou redondances, que le texte est ordonné en suivant une certaine progression logique, les parties du texte s'emboîtant les unes aux autres.

Puis on examine la *rigueur* du texte. Les propos doivent être compatibles avec les constatations. On évalue l'exactitude, la solidité des démonstrations ainsi que la probité scientifique.

On examine également la *crédibilité* du mémoire en évaluant la pertinence de la méthodologie ainsi que le contrôle des possibles sources d'erreurs (dans le recueil des données, dans l'interprétations des résultats, etc.).

Enfin on examine l'*exhaustivité* du mémoire à la recherche de tous les éléments pertinents ou nécessaires à la démonstration et à la présentation du rapport.

En conclusion, pour qu'il soit bien accueilli, un mémoire de recherche doit être clair, cohérent, rigoureux, exhaustif et bien présenté.

L'impact du mémoire de recherche

Ce que l'on peut souhaiter c'est que cela ait changé la vie de l'étudiant

Wortman et Smyth

"La réalisation d'un mémoire de recherche permet de donner le meilleur de soi-même, autant sur le plan affectif, par l'engagement que ce travail exige, que sur le plan intellectuel, par toutes les opérations mentales qu'il a fallu effectuer. Dans ce sens, cela peut se comparer à une formation continue (Angers, 1996)".

Le mémoire de recherche agit comme un puissant outil *d'auto for-*

mation. C'est une des plus importantes retombées.

Le mémoire de recherche enseigne, d'autres formes de pensée :

- *la pensée scientifique*, celle qui permet de dépasser le sens commun et qui permet d'envisager, autrement, les choses familières ; et
- *la pensée critique*, celle qui pousse au questionnement, démarche essentielle pour l'avancement des connaissances et des pratiques.

Le mémoire de recherche suscite, aussi, de l'intérêt pour une théorie et pour ses applications. Une telle démarche aide le jeune chercheur de se déterminer dans un courant de pensée. De ce fait, il contribue à la constitution d'une identité professionnelle en renforçant le sentiment d'appartenance à un groupement de spécialistes.

"La réalisation du mémoire est une lente et stimulante découverte d'un aspect de la réalité. Le mémoire constitue pendant longtemps, un document de référence, un instrument de travail, un point d'appui pour la réalisation d'autres activités du même type dans le cadre d'une pratique professionnelle. Un mémoire bien fait constitue la base d'une activité intellectuelle régulière, compagne rafraîchissante et nécessaire de toute activité professionnelle (Fragnière, 1996)".

L'autre retombée de taille : la pratique du mémoire de recherche enseigne au jeune chercheur les préceptes de l'*autonomie*. Celle ci s'obtient à travers le processus de prise de décision qui accompagne le processus de recherche et à travers le perfectionnement de l'organisation personnelle. L'accès à l'autonomie mène à une prise de conscience qui modifie, à la fois, la perception de sa propre profession et la représentation de soi en tant que professionnel.

Remerciements

L'auteur remercie François Bidoire, Damien Fouques, Gilles Lemmel, Claire Meljac et Louis-Charles Vannier pour la relecture attentive de ce manuscrit et pour leurs commentaires avisés.

RÉFÉRENCES BIBLIOGRAPHIQUES

American Psychological Association (1994). *Publication Manual of the American Psychological Association* (4th edition). Washington DC. Author.

Angers, M. (1996). *Initiation pratique à la méthodologie des sciences humaines.* (2ème édition) Anjou (Québec), CEC.

Beaud, M. (1998). *L'art de la thèse.* Paris, La Découverte.

Beech, R etHarding L. (1994). *Tests, mode d'emploi.* Paris, les Editions du Centre de Psychologie Appliquée.

Bidoire, F. (1999). Communication personnelle.

Bourguignon, O. (1995). Le processus de recherche. In : *La recherche clinique en psychopathologie – perspectives critiques.* Bourguignon et Bydlowski, (eds). Paris, PUF, 36-51.

Conc, J.D.,et Foster, S.,L. (1998). *Dissertation and theses from start to finish.* (8th edition) Washington DC, American Psychological Association.

Flick, U. (1998). *An Introduction to qualitative research.* Londres, Sage Publication, Ltd.

Fouques, D. (1998). Contribution du Rorschach (Système Intégré) à la compréhension de l'hyperactivité avec déficit de l'attention et à la mesure des effets psychologiques du traitement par psychostimulants (Ritaline). *Pratiques Psychologiques, 2,* 67-74.

Fragnière, J.P.(1996). *Comment réussir un mémoire.* Paris, Dunod.

Georgiou, D. (1999). Méthodologie qualitative et psychologie au XXIe siècle. *Pratiques Psychologiques, 2*, 3-16.

Gueguen, N. (1997). *Manuel de statistique pour psychologues.* Paris, Dunod.

Harris, P. (1997). *Designing and reporting experiments.* Philadelphia, Open University Press.

Hart, C.(1998). *Doing a litterature review.* Londres, Sage Publication, Ltd.

INSEE. (1991). Institut national de statistiques et des études économiques. Recensement général de la population de 1990. Paris.

Kumar, R.(1996). *Research methodology.* Londres, Sage Publication, Ltd

Lani-Bayle, M. (1999). *Ecrire une recherche, mémoire ou thèse.* Lyon, Chronique Sociale.

Lasser, S. et Priou, P. (1998). Caractéristiques des femmes exerçant des professions masculines. *Pratiques Psychologiques, 3*, 51-63.

Leong, T.L., et Austin, J.T. (eds) (1996). Londres, *The psychology research handbook.* Sage Publication, Ltd.

Le Petit Larousse. (1996). Paris, Larousse.

Marro, S. (1998). La tolérance à la transgression des rôles de sexe chez l'adolescent (e). *Pratiques psychologiques, 3*, 39-51.

McCready, W.C.(1996). Applying sampling procedures. In : *The psychology research handbook.* Leong, T.L., et Austin, J.T. (eds). Londres, Sage Publication, Ltd. 98-113.

Mogennet, J-L. (1999). De l'enseignement de l'analyse des données. *Pratiques Psychologiques, 1*, 133-137.

Parrott III, L. (1999). How to write psychology papers. (2nd edition). New York, Addison Wesley Longman.

Perron, R (1995). La démarche comparative. In : *La recherche clinique en psychopathologie – perspectives critiques.* Bourguignon et Bydlowski, (eds). Paris, PUF, 135-153.

Peterson, C. (1996). Writing rough drafts. In: *The psychology research handbook.* Leong, T.L., et Austin, J.T. (eds). Londres, Sage Publication, Ltd. 282-291.

Société Française de Psychologie (1999). *Répertoire des revues francophones de psychologie,* Santiago-Delefosse, M. (ed.). Revigny sur Ornain, Hommes et perspectives.

Sternberg, R.J. (1991) *The psychologist companion*. Cambridge, Press Syndicate of the University of Cambridge.

Stevens, S.S. (1960). Handbook of experimental psychology, cité In : Hellmuth Benesch(1995). *Atlas de Psychologie*, Paris, Le livre de poche.

Walvoord, B.E. (1982). Helping students write well : *A guide for teachers in all disciplines*. New York, The Modern Language Association of America.

BIBLIOGRAPHIE CONSEILLÉE

Bernaud, J-L. (1998) *Les méthodes d'évaluation de la personnalité.* Paris, Dunod.

Bertaux, D. (1997) *Les récits de vie.* Paris, Dunod.

Blanchet, A. (1997) *Dire et faire dire – l'entretien.* Paris, Armand Colin.

Bouvard, M.,et Cottraux, J. (1996) *Protocoles et échelles d'évaluation en psychiatrie et psychologie.* Paris, Masson, 1998.

Castro, D. (Ed) (1997) Echelles et questionnaires. *Pratiques Psychologiques*, 1997, *2*, Bordeaux, L'Esprit du temps.

Castro D. (1996). De la recherche clinique en psychopathologie. Quelques considérations autour d'un protocole de recherche. *Bulletin de Psychologie, 4-8, 423, 311-318.*

Chabert, C. (1998) *Psychanalyse et méthodes projectives.* Paris, Dunod.

Ciccone, A. (1998) *L'observation clinique.* Paris, Dunod.

Delhomme,P.et Meyer, T.(1997) *Les projets de recherche en psychologie sociale.* Paris, Armand Colin.

Falissard, B. (1998) *Comprendre et utiliser les statistiques dans les sciences de la vie.* Paris, Masson.

Navelet C. (1997). La recherche clinique en psychologie et psychopathologie. Exposé de méthode et réflexions sur la position du chercheur. *Bulletin de Psychologie, 429*, 297-307.

Perron, R. (Ed.) (1997) *La pratique de la psychologie clinique.* Paris, Dunod.

Rossi, J-P. (1997) *L'approche expérimentale en psychologie.* Paris, Dunod.

Rossi, J-P.(Ed) (1999) *Les méthodes de recherche en psychologie.* Paris, Dunod.

De Singly, F. (1992) *L'enquête et ses méthodes : le questionnaire.* Paris, Nathan Université.

Weil-Barrais, A. (Ed.) (1997) *Les méthodes en psychologie.* Rosny, Bréal.

PRATIQUES PSYCHOLOGIQUES

La Revue Européenne des Praticiens en Psychologie

Directeur de la publication : Jean-Luc Bernaud
Rédacteur en chef : Dana Castro

Pratiques Psychologiques est une revue de la Société Française de Psychologie. Son comité scientifique est le garant de la qualité et de l'ouverture de ses articles qui en font aujourd'hui la revue d'information sur les développements de la recherche appliquée et les pratiques professionnelles en psychologie.

Sa parution est trimestrielle (1 vol. 25 x 18), livraisons : février, juin, septembre, décembre. L'abonnement annuel est de 380 F pour la France, 450 F pour l'étranger, à adresser par chèque bancaire à l'ordre des éditions L'Esprit du Temps - B.P. 1047 - 33491 Le Bouscat Cedex / France

Déjà parus et à paraître :

1995/1 : *De l'intuition à l'évaluation*
1995/2 : *Qualité de vie*
1995/3 : *Psychologie, éthique et management*
1995/4 : *Fatigue dans la civilisation*

1996/1 : *De l'exclusion à l'insertion 1 - exclusion*
1996/2 : *De l'exclusion à l'insertion 2 - l'insertion*
1996/3 : *Harcèlements*
1996/4 : *Les tests au XXI siècle*

1997/1 : *Projets*
1997/2 : *Échelles et questionnaires*
1997/3 : *Institutions et déontologie*
1997/4 : *Nouvelles addictions*

1998/1 : *Diagnostic : effet d'annonce*
1998/2 : *Personnalités pathologiques*
1998/3 : *Hommes/femmes*
1998/4 : *Psychologie et sexualité*

1999/1 : *L'enseignement de la psychologie*
1999/2 : *Psychologues pluriels*
1999/3 : *Les nouveaux débouchés de la psychologie*
1999/4 : *Psychologie de la santé*

2000/1 : *Bien-être subjectif*
2000/2 : *Interventions en psychologie*
2000/3 : *Psycho-gérontologie*
2000/4 : *Prédictions, pronostics, anticipation*

Achevé d'imprimer
le 2 février 2000
par les Ateliers Graphiques
de l'Ardoisière
à Bègles

Dépôt légal : février 2000 - N° d'éd. 116

ISBN 2-913062-16-4

0140 82000
01 59 90202
40 48 10 00
40 48 14 24
08 08